SIMPLES

SOUVENIRS

1860-1888

Ego resurrectio et vita.

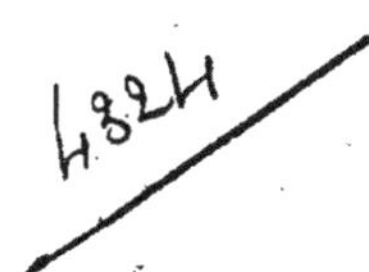

LYON
IMPRIMERIE A. WALTENER ET Cie
14, rue Belle-Cordière, 14

1890

SIMPLES SOUVENIRS

SIMPLES
SOUVENIRS

1860-1888

Ego resurrectio et vita.

LYON
IMPRIMERIE A. WALTENER ET Cie
14, rue Belle-Cordière, 14
1890

Ces quelques pages, que j'aurais voulu donner depuis longtemps, n'ont d'autre but que de rappeler cette belle âme à ceux qui l'ont connue et regrettée.

C'est surtout elle qui parlera ; et tout le mérite de celui qui publie ces lignes n'a été que de recueillir, de réunir quelques traits épars de sa vie d'enfance, ou de revivre par le cœur ces instants parfois joyeux, souvent tristes, mais toujours précieux et à jamais ineffaçables, qu'il a passés près de cette nature si riche des dons de Dieu, et que ses qualités naturelles rendaient si attachante.

Puisse le vent de l'oubli ne pas disperser trop tôt ces feuillets ! Qu'ils fassent du bien aux âmes qui les liront; qu'ils attirent, à celle dont ils parlent, les prières qui lui sont peut-être encore nécessaires par delà cette terre.

A sa mère je dédie ces pages ! Qu'elle les reçoive comme un hommage de ma profonde gratitude, et le témoignage de mon pieux souvenir pour celle qui n'est plus.

L. S.

En la fête de sainte Adèle, 15 décembre 1890.

Simples Souvenirs

1860-1888

CHAPITRE PREMIER

SON ENFANCE

L'année où elle naquit, le 21 janvier 1860, son père occupait encore comme chirurgien major de l'Hospice de la Charité le poste important qu'il avait emporté comme d'assaut dans un tournoi resté célèbre; et les annales médicales de Lyon en ont parlé longtemps. Il commençait ainsi à se tailler pour l'avenir, grâce à un travail opiniâtre servi par une haute intelligence, cette réputation qui lui suscita souvent des jaloux quand elle ne fit pas des ingrats. Mais elle lui valut aussi ces amitiés profondes qui consolent et encouragent.

Sa mère appartenait à l'une de ces anciennes familles qui se font rares aujourd'hui, et chez qui l'amour de la vertu et le culte de l'honneur se lèguent en héritage, don du cœur qui constitue un apanage plus précieux encore que les richesses et la fortune.

Monsieur Faugier remplit pendant longtemps une des charges de notaire les plus importantes de Vienne. Son honorabilité, poussée jusqu'au scrupule, jointe à de grandes qualités d'administrateur, le fit choisir par ses compatriotes pour régir les affaires de la ville. Plus tard, il fut appelé au Conseil général de l'Isère, devint député, et ses collègues mirent souvent à contribution ses brillantes aptitudes pour les questions financières. La commission du budget n'eut pas un auxiliaire plus utile, plus dévoué et en même temps plus humble. Il mourut en 1867. Il était commandeur de la Légion d'honneur.

Elle naquit, avons-nous dit, le 21 janvier

1860. Elle fut baptisée en l'église de Saint-François-de-Sales. Son grand-oncle, Monsieur Ennemond Berne, et sa grand'mère, Madame Henriette Faugier, lui servirent de parrain et de marraine. Elle reçut donc les noms de Henriette-Ennemonde, auxquels la piété de sa mère, jointe au souvenir d'une tante morte bien jeune, ajouta les noms de « Marie, Stéphanie ». Marie-Henriette-Ennemonde-Stéphanie Berne, tel est l'ordre suivant lequel l'Eglise l'a inscrite au nombre de ses enfants. Tels sont les patrons qui l'ont accueillie au Ciel, nous en avons l'intime conviction. Dans le monde, on l'a connue plus spécialement sous le nom de Mademoiselle Marie Berne.

Elle grandit ainsi, entourée des soins vigilants et affectueux de sa mère. Que la première éducation donnée par une mère est précieuse ! Ecole salutaire, car les leçons viennent d'un cœur qui se sacrifie. Heureux les enfants qui ont la voix de leur mère pour leur parler, les instruire, les reprendre, leur dire qu'on les aime ! Heureuses les mères qui sont dignes de leur vocation ! Heureuses les Moniques, à elles aussi appartient le royaume des cieux. Mais pourquoi faut-il que dans notre chère patrie, il y ait tant de mères qui oublient leur sainte mission ? Pourquoi faut-il que les exigences d'une société, trop haletante et trop amoureuse d'un bien-être matériel, arrachent souvent aux foyers l'ange tutélaire des enfants ?

Il lui fut donné à elle d'avoir cette première éducation. A l'école de sa mère, sa jeune âme s'ouvrit bien vite aux choses d'en haut, et tout ce que Dieu y avait déposé de tendresse, de délicatesse, et aussi d'intelligence et de vivacité put s'y développer à l'aise.

Sa nature présenta, dès ses jeunes années, ce contraste que l'on remarqua souvent chez elle, et qui persista jusqu'à la fin de sa vie, malgré les efforts qu'elle fit toujours pour vaincre sa timidité, et corriger ce qu'il y avait dans sa nature de trop prompt à la répartie. Elle fut en effet timide, timide même jusqu'à l'excès, timide par délicatesse de conscience, timide par crainte de déplaire, timide par humilité. Elle se crut toujours, même jeune, inférieure à ses compagnes, à ses cousines qu'elle aimait comme des sœurs, et cette idée, qu'elle se faisait de son infériorité, donnait à ses moindres actes une réserve qui ajoutait encore à la dignité de sa personne, surtout, quand, de l'enfance et de l'adolescence, elle eut atteint l'âge si souvent regretté de la jeune fille.

Elle était timide, et cependant à cette timidité elle joignait parfois, quand elle se trouvait avec des personnes près desquelles sa timidité pouvait s'effacer, et surtout dans son enfance, cet âge qu'on a appelé à tort cet âge sans pitié, quand il n'est que l'âge sans fourberie encore, elle joignait parfois un franc parler qui étonnait et révélait chez elle une âme forte et virile, pour qui la vérité avait des droits imprescriptibles.

Voici un trait entre autres qui prouvera bien sa franchise. Je le tiens de sa grand'mère.

Je la prie d'excuser mon indiscrétion, ce que je vais dire est tout à la louange de sa chère petite-fille, sa chère Marie comme elle l'appelait.

Elle pouvait bien avoir cinq ou six ans. Elle était allée passer la journée à Estressin, campagne agréablement située aux portes de Vienne, sur une colline d'où l'œil, avant d'aller se perdre au loin dans les derniers reflets argentés du Rhône, embrasse le panorama de la ville, dont les maisons s'échelonnent comme les gradins du vieux théâtre romain qu'elle a remplacé.

C'est là que Monsieur Faugier venait prendre, le soir, un repos bien gagné. Elle était donc ce jour-là à Estressin avec ses cousines. On les avait confiées à la garde d'une vieille bonne, qui les aimait trop pour jamais gronder ou se plaindre, même quand l'occasion se présentant, et je ne sais aussi quel démon se mettant de la partie, la volière revendiquait sa liberté, et faisait une petite révolution. Bref, on n'avait pas été sage.

L'obéissance n'avait pu maintenir jusqu'au bout ses droits ; et celle qui avait mené toute la bande était votre petite-fille, Madame Faugier ; votre fille, chère mère, que vous n'auriez point reconnue ce soir d'orage.

Cependant les grands parents vont rentrer; il faudra, avant de les embrasser, savoir si l'on est digne de leurs caresses. La vieille bonne ne se plaindra pas ; au contraire, à cette question bien indiscrète en ce moment : « Elles ont toutes été sages ? » elle répondra avec indulgence que tous ces fronts méritent d'être baisés, que tout ce petit monde a été sage. Une seule voix protestera, et à cet accent indigné de voir la vérité trahie, vous pouvez tressaillir de joie, chère mère, car c'est votre fille. Elle a assez de courage pour s'accuser elle-même et rétablir les choses. Elle dira à sa grand'mère ces mots naïfs, mais beaux dans la bouche d'une enfant de six ans à peine : « grand'mère, ce n'est pas bien vrai, j'ai été sotte... » Cet aveu lui fit, comme bien on pense, plus que pardonner sa faute.

Une autre fois, c'est à son grand-père, Monsieur Faugier, qu'elle fera le sacrifice de sa timidité. C'était encore à Estressin. Des visites étaient venues jouir pour quelques instants de l'agréable société du maître de la maison. Sa petite-fille était là; le bon grand-père est heureux de profiter de l'occasion pour la présenter à ses hôtes, et l'on va chercher la petite Marie. Elle refuse, et toutes les sollicitations de sa bonne ne peuvent vaincre sa timidité. Elle reste à l'écart. Son grand-père vient la chercher lui-même. Il tâche de la rassurer, rien n'y fait, et la timidité de l'enfant a raison de la douceur de l'aïeul. Mais les personnes sont parties, et le bon grand-père se retrouve seul avec sa petite-fille. Il veut la raisonner, lui fait de doux reproches, et finit par lui dire, en guise de péroraison, ces mots que sa bouche profère, mais que ne lui dicte pas son cœur : « Tu ne veux pas approcher des personnes qui viennent me voir, tu veux donc que ton grand-père rougisse de toi ! »

Ces mots bien que prononcés avec toute la mansuétude qui caractérisait Monsieur Faugier, sont trop durs pour l'âme sensible de l'enfant. Elle se retire, le cœur bien gros, et de chaudes larmes coulent de ses yeux sur ses joues. Après la première émotion passée, elle revient près de son grand-père. Il était occupé à sa table de travail et ne s'était pas douté du chagrin dont il était l'auteur involontaire. Elle se jette à ses genoux et, en pleurant, ne lui dit que ces mots : « Grand-père, je ne veux plus te faire rougir, je viendrai quand tu m'appelleras, » et elle tint parole. Son grand-père, m'a-t-on raconté, et ce témoignage mérite créance, son grand-père ne pouvait rappeler ce fait sans que l'émotion le gagnât. Il regrettait d'avoir causé les pleurs de sa petite-fille, mais admirait le courage et l'affection de cette âme si jeune encore.

Une autre fois, elle pouvait bien avoir sept ans, sa grand'mère l'entend de la chambre voisine se parler à elle-même, et dire tout haut « Je ne t'écoute pas ! Va-t-en, je ne veux pas..... » Sa grand'mère vient près d'elle, et : qu'as-tu donc Marie, lui dit-elle, à qui parles-tu ? « Grand'mère, répondit naïvement l'enfant, c'est le diable qui me dit de prendre un de ces gâteaux, et je ne veux pas lui obéir : N'est-ce pas, grand'mère, que le diable est méchant, et qu'il veut nous faire faire des sottises ! Il n'aime pas le bon Dieu, je ne veux jamais l'écouter. » Ce trait, pris entre beaucoup, n'est-il pas charmant ? Ne montre-t-il pas, de la part d'une enfant de sept ans, une délicatesse de conscience peu commune, et une énergie de volonté bien rare à cet âge ? Cet acte, si nous y réfléchissons, a son vrai côté sublime, car il renferme l'idée de sacrifice ; or, le sacrifice, difficile à tout âge, car il exige le renoncement de soi-même, est surtout pénible à l'enfant. Que dire du sacrifice de sa gourmandise ? Cet acte d'ailleurs fut récompensé. La grand' mère loua fort les droites intentions de sa petite-fille ; puis, comme prix de sa bonne conduite, lui donna un de ces gâteaux tentateurs.

Puisque nous en sommes au plaisir d'évoquer les traits, qui peignent sur le vif cette nature généreuse, nous nous reprocherions d'oublier ce dernier fait qui montrera toute l'énergie de son âme d'enfant, sa piété déjà grande et éclairée, et son amour profond pour ses frères. Nous la suivrons ensuite chez sa première maîtresse, Madame Lambert, de si bonne mémoire.

Elle devait être dans ses neuf ans. C'était l'époque où les zouaves pontificaux remplissaient le monde de leur renommée, et par leur courage, enlevaient au mot de défaite ce qu'il y a de déshonorant, pour le rendre synonyme de valeur.

Ils étaient allés tous les trois, ses deux frères et elle, se promener sur la place Bellecour, où les enfants savent si bien, sans aucun danger pour la société, mettre en pratique le communisme poussé jusqu'à ses limites extrêmes. Ses deux frères étaient ravissants dans leur petit costume où le rouge dominait. On avait couru, sauté : plus d'une fois on avait failli mettre en défaut le regard si vigilant pourtant de la mère. L'heure du retour avait sonné, quand soudain, on rencontre un ami, le docteur G... On cause, on demande des nouvelles, le docteur a une bonne parole pour toute cette petite jeunesse, et en guise de compliment sur les costumes des deux plus jeunes, il lance ces quelques mots : « Savez-vous, mes petits, qu'avec vos costumes rouges, vous ressemblez à deux petits garibaldiens. » Le mot était risqué et peu flatteur, vous l'avouerez. La réplique ne se fit pas attendre : « Non, monsieur, répond sans hésiter la sœur, mes frères ne sont pas des garibaldiens et quand ils se battront, ils se battront pour le Pape. » Elle a cru ses frères insultés dans leur honneur et dans leur foi, elle n'a écouté que son cœur de sœur et de chrétienne. Elle n'a pas été timide en cette circonstance, et sa réplique est sublime dans son genre. Le docteur ne fut pas content, m'a-t-on dit. Mais la mère était heureuse et fière plus tard de rapporter ce fait, car elle avait senti que le cœur de sa fille battait à l'unisson du sien, et que les pensées de son enfant faisaient écho à ses pensées de chrétienne et de mère.

C'est, croyons-nous, quelques années avant cet incident, j'allais écrire accident, de la place Bellecour, qu'elle fut confiée, comme nous l'avons dit, aux soins de la bonne Madame Lambert.

Je l'ai bien connue cette dévouée instititutrice; elle avait donné, jadis, des leçons à ma mère, ce qui ne la faisait plus jeune au moment où elle reçut chez elle Mademoiselle Berne. Mais par un privilège qui, hélas, n'est pas donné à tout le monde, elle sut conserver jusqu'à la fin cet entrain, cette gaîté qui vous attache la jeunesse. C'est chez Madame Lambert que Mademoiselle Berne rencontra deux jeunes filles, de son âge ou à peu près, et qui devaient être les deux plus chères amies de sa vie. L'une était Mademoiselle Marie Glas, la fille de l'ancien député à l'Assemblée nationale de Bordeaux, l'autre, Mademoiselle Marie B..., qui devint plus tard Madame B...

La première de ces deux amies l'a devancée de quelques années dans l'éternité ; et ce fut le premier douloureux sacrifice que son cœur eut à faire dans ce monde. Cette mort, je le sais, l'impressionna beaucoup, car elle savait aimer, et dès lors sentait le sacrifice de la séparation plus peut-être qu'une autre. Puis cette mort si prématurée, Mademoiselle Glas avait vingt trois ans environ, lui donna à réfléchir, et lui fit passer devant l'esprit comme un dur pressentiment. Elle ne pouvait parler de cette amie disparue, sans ajouter avec son air triste et cependant calme, qu'elle irait bientôt la rejoindre. Pourquoi a-t-il fallu que ce pressentiment se changeât en réalité! Quelques années après, les deux amies se retrouvèrent près de Dieu.

Madame B..., habitant Lyon, a été l'amie de tous les instants. Son amie d'enfance, son amie des jours heureux, son amie et sa consolatrice durant les jours amers de la souffrance, sa confidente la plus sûre! Elle a été celle pour qui ce cœur, qui ne bat plus, n'a eu jamais de secrets! Elle a pénétré dans cette âme et a pu y admirer, comme nous, cette piété tendre et forte tout à la fois, cette délicatesse de conscience qu'un rien troublait, et qui faisait de son cœur, comme une de ces fleurs au calice toujours ouvert au soleil et à sa féconde rosée, mais fermé au moindre souffle du vent. Elle a pu participer à ces entretiens, qui avaient le bien des pauvres pour objet et l'amour de Jésus pour but dernier. Elle a pu observer la vivacité de cette intelligence toujours ouverte au beau, au grand, au bien, quel que fût le nom qu'il portât : littérature, beaux-arts, musique, peinture, bonnes œuvres. Le côté artistique et industrieux de sa nature fut trop développé pour que nous ne nous fassions pas un devoir d'en reparler plus loin, et de l'étudier plus en détail.

Contentons-nous de dire ici, et Madame B... ne nous démentira pas, qu'on sortait rarement d'auprès d'elle, sans que votre intelligence et votre cœur eussent profité à son agréable société. Près de cette amie enfin, après que la mort eut ravi cette chère existence, sont allées, comme dernier gage de son affection ici-bas, toutes ces choses qui lui appartenaient en propre et constituaient le modeste ameublement de sa chambre de jeune fille : Le lit où elle a dormi de son dernier sommeil ; le secrétaire sur lequel elle avait souvent travaillé ; cette table à toilette dans laquelle son esprit, sérieux et chrétien, n'avait jamais voulu recevoir que le strict nécessaire.

Toutes ces choses, nous le savons, sont conservées avec la religion du souvenir, et ce souvenir pieux, qui s'attache à elles, leur donne une valeur que le cœur seul peut apprécier.

Elle fut donc, comme nous le disions plus haut, confiée aux soins de Madame Lambert, pour qu'elle pût s'initier aux connaissances rudimentaires qui font toute l'éducation enfantine : la lecture, la grammaire, les éléments de l'histoire et de la géographie. Madame Lambert était la bonté même. La timidité de la jeune Marie Berne ne tint pas longtemps devant cette bonté, et, sa nature reprenant le dessus, elle se montra, avec sa maîtresse, telle qu'elle était réellement, enjouée, vive, pleine d'entrain en un mot. Elle aimait à se rappeler ce temps heureux de ses jeunes années.

Elle en parlait volontiers, et je l'ai entendue souvent évoquer avec une simplicité naïve et un cœur aimant ces jours de sa première éducation.

Elle ne regrettait qu'une chose de ces heures si vites envolées ; c'était son étourderie, sa vivacité, qui avaient dû, disait-elle, beaucoup tourmenter sa maîtresse ; et avec abandon, finesse et esprit, elle racontait que, plus d'une fois, la pauvre Madame Lambert la croyait bien fixée sur ses lettres, tandis que, debout devant le gros abécédaire, la rusée enfant, avant d'appeler la lettre sur laquelle le doigt de sa maîtresse s'arrêtait, ébauchait timidement le nom d'une lettre et observait l'effet produit sur la figure de l'interrogatrice. A un froncement de sourcil, elle voyait qu'elle se trompait, reprenait aussitôt et continuait ainsi jusqu'à ce que le contentement épanoui sur la physionomie de la bonne et crédule institutrice lui eût indiqué qu'elle disait juste. Souvent, au moment où il fallait prendre la grammaire, le livre seul était là, mais la jeune élève avait disparu ; et il fallait fureter dans tous les coins et continuer forcément la récréation par une partie de cachette. La grammaire, elle l'avouait candidement, avec ses règles, ses exceptions, ne lui était pas d'un grand attrait; elle aimait mieux la géographie, l'histoire. Ces deux branches de toute éducation parlaient à son intelligence. Elle s'intéressait à l'étude de notre globe ; les mers et leur immensité, les capricieuses dentelures des côtes frappaient sa petite imagination, et, rentrée chez ses parents, elle avait, n'est-ce pas, cher père ? une manière originale de reprendre sa leçon sur les caps, les golfes et les promontoires ; non, vous ne vous seriez jamais douté qu'un front, qui commence à se dégarnir, peut jouer assez bien le rôle d'un atlas géographique. L'histoire, même dans son enfance, fut sa passion ; et, douée d'une mémoire heureuse, elle savait à un âge, où l'on ne fait que débuter, toute la série de nos rois, avec les dates et les exploits principaux de leur règne.

Telles furent les premières années de son enfance ! Années sans ombre ni nuages, où sa jeune âme s'ouvrait à la vie, et, comme l'oiseau, chantait au printemps de son âge. Années passées sous le regard vigilant et tendre de sa mère ; entre sa maîtresse, Madame Lambert ; ses deux amies Mademoiselle Glas et Madame B... ; et aussi sa chère cousine

Mademoiselle B. P... qui, plus âgée que Mademoiselle Berne, excellait à narrer ces contes éclos tout d'une pièce dans son imagination ardente de jeune fille, et donnait ainsi un charme attrayant aux longues heures de la journée. Madame B. N... ne m'en voudra pas trop d'aller la distraire, pour un moment, de ces bonnes œuvres auxquelles elle s'est consacrée, avec d'autant plus de zèle, que la charité bien connue de son mari Monsieur F. N... le soutient et l'encourage. Mais je pense que ce faible écho, d'un passé déjà loin, résonnera agréablement à son oreille, et surtout à son cœur. Qu'elle daigne voir dans ces lignes comme le merci d'outre-tombe de sa bonne cousine Marie Berne.

Ces années de bonheur furent, hélas ! de courte durée. Sa mère va la retirer de chez sa première maîtresse, pour la confier aux soins habiles des dames du Sacré-Cœur. Là elle se préparera à ce grand acte de toute vie chrétienne, la première communion, et achèvera son éducation de jeune fille.

C'est à cette époque aussi que les premières atteintes de la maladie cruelle, qui devait la ravir à l'affection de tous, vont se faire sentir.

CHAPITRE II

SA PREMIÈRE COMMUNION

Ce fut le jeudi, 26 janvier de l'année 1871, que Mademoiselle Marie Berne entra au pensionnat des dames du Sacré-Cœur de la rue Boissac. Rappeler et louer le dévoûment de ces dames, leur compétence remarquable pour donner à la jeune fille ces deux choses inséparables, « l'éducation du cœur et l'éducation de l'intelligence, » serait superflu et d'ailleurs dépasserait les limites que nous nous sommes tracées. Nous ne dirons que deux choses, c'est que ces dames n'eurent pas une admiratrice plus grande que Mademoiselle Marie Berne, qu'elles pourront trouver ailleurs une reconnaissance aussi vive, mais pas plus délicate, ni plus sincère, je puis le leur affirmer. Quand Mademoiselle Berne apprit la décision de sa mère de la mettre au Sacré-Cœur, elle en eut une véritable joie, mais sa timidité naturelle se réveilla et l'empêcha de jouir en plein de son bonheur. Elle était heureuse d'abord parce que, dans sa pensée, entrer au Sacré-Cœur était sortir de cet âge de l'enfance où l'on n'a encore aucun rôle à jouer, prendre désormais rang parmi les jeunes filles, et devenir sérieuse.

Et puis sa jeune et vive intelligence comprenait qu'elle allait pouvoir se développer, plus complètement que par le passé, et se satisfaire davantage par l'acquisition de connaissances plus approfondies et plus variées tout à la fois. D'ailleurs Mademoiselle Berne allait retrouver Mesdemoiselles D...et Mademoiselle B... cette amie qu'elle avait rencontrée chez Madame Lambert, et qui l'avait devancée d'une année chez ces Dames de la rue Boissac. Elle ne serait donc pas seule. Cette pensée lui redonnait un peu de courage, et calmait cette inquiétude craintive, qu'augmentait encore ce lendemain nouveau pour elle.

Nous n'aurons malheureusement que peu de choses à relater sur les quatre années qu'elle passa chez ces Dames. Ce furent comme quatre années de retraite, préparatoires à sa vie de souffrance. Quatre années, où plus près du Cœur de Jésus, surtout à dater de sa première communion, elle put faire ample provision de forces pour ces jours de douleur qui devaient remplir la seconde moitié de sa vie. La première s'était passée au foyer de la famille, elle avait pu y goûter, y savourer ces joies pures, elle avait pu, dans une de ses naïves prières, adresser à Jésus ce vœu que formula un jour saint Pierre à son maître : « Il fait bon ici, que n'y dressez-vous ma tente pour toujours! » Et Jésus lui avait peut-être, dans l'intérieur de son âme, répondu par cette autre parole, comprise seulement des grands cœurs : « Ma fille, heureux les cœurs purs, heureux ceux qui souffrent, heureux ceux qui pleurent, car le royaume des cieux leur appartient. »

Toujours est-il, que pendant son court séjour de quatre ans à la rue Boissac, sa nature se modifiera. Elle gardera encore, pendant les premiers mois, cette exubérance de vie, qui était comme le fond de sa nature et, que nous avons remarquée durant ses plus jeunes années. Mais cette vivacité s'apaisera bien vite ; la jeune enfant deviendra plus timide encore peut-être, elle sera plus réfléchie, se mêlera peu à ses compagnes, elle choisira ; et son choix tombera sur les meilleures, Mademoiselle Francine C... et Mademoiselle Marguerite V... , et encore sera-t-elle très réservée avec ses nouvelles amies. Même avec son ancienne amie de chez Madame Lambert, Mademoiselle M. B..., elle n'aura plus cet entrain d'autrefois, ce laisser-aller de bon aloi, qui dénote la pureté du cœur et l'insouciance de l'âge. Elle travaillera avec plaisir, avec ardeur, mais sans rien en laisser voir à ses maîtresses. Son amour-propre lui fera briguer avec succès les premiers rangs, et dans ces concours la loyauté parlera toujours plus haut que le désir du succès. Je n'en veux donner qu'un exemple, qu'elle aimait à rappeler, comme une preuve de sa mauvaise nature. Un jour, la composition roulait sur la géographie, il s'agissait de refaire une carte. Elle avait près d'elle Mademoiselle Francine C... Elles se sont vite entendues, et, mettant en commun leur science, elles ont fini, bien avant l'heure fixée, leur carte. Rien n'y manque, et villes, et fleuves, et rivières, et montagnes. Les deux copies sont classées premières avec éloges. Après la classe, Mademoiselle Marie Berne a compris la petite indélicatesse de sa conduite, elle court vers son amie et l'engage à venir expliquer à leur maîtresse la cause de leur succès. La bonne sœur gronda assez fort d'abord, puis leur pardonna à cause de leur sincérité, et les places furent maintenues; car les deux jeunes filles n'avaient fait tort qu'à elles-mêmes, étant de beaucoup supérieures aux autres concurrentes de la classe.

Mais si être bien classée dans les concours lui est à cœur, elle aimera plus encore obtenir ce ruban, récompense des plus sages; car Mademoiselle Marie Berne ne perdait pas de vue cette date de la première communion, et elle pensait avec raison qu'une année n'était pas de trop pour que son âme progressât dans le bien et fût digne de recevoir Celui qu'elle aima toujours comme son ami et son consolateur, et adora comme son Dieu. Les quelques mois qui précédèrent sa première communion révélèrent chez elle ce que l'on n'y avait pas encore remarqué, une conscience presque timorée. Plus le terme approchait, plus aussi se réveillait en elle le sentiment de son indignité; et, quand elle repassait dans sa mémoire ces jours d'enfance, qui n'étaient que d'hier, elle croyait n'avoir pas toujours répondu à la grâce de Dieu, et son âme se soulevait. Que de fois, elle a interrogé sa mère, l'a questionnée sur des scrupules qui venaient l'assaillir, et combien de fois la mère a dû, par ses bonnes paroles, ses encouragements, ses explications, rendre à la fille ce calme de l'âme, et demander à Dieu, tout bas, de conserver toujours à son enfant un cœur aussi pur, une âme aussi droite. Les quelques mois qui précédèrent ce jour si attendu, elle fut admirable de piété. On sentait en elle un véritable amour pour Jésus. Que de larmes elle répandit sur ses fautes passées, que de désirs brûlants d'amour elle offrit à Celui à qui elle désirait se donner tout entière ! Son ange gardien, qui veilla près d'elle durant ces instants bénis et l'aida dans ses prières, pourrait seul nous en faire part.

Que dire de ces jours privilégiés de la retraite ! Comme c'est l'usage chez ces dames, elle les passa hors de sa famille, dans le silence du cloître, plus près du Cœur de Jésus ! Quelle fut alors sa piété ! Quelle ardeur elle mit à remplir les moindres exercices religieux! Quel soin méticuleux elle apporta à examiner sa vie passée et à mettre ordre aux affaires de sa conscience! Ceux qui l'ont approchée, ses maîtresses, son confesseur, ont dû en garder le souvenir; sa mère, surtout, pourrait nous parler de ces choses intimes, qui aident à porter une douleur, si elles ne parviennent à la faire taire complètement.

L'heure si désirée arriva enfin! La veille, elle demanda à son père, à sa mère, leur pardon ou plutôt leur bénédiction ; et elle passa sa journée à rêver à son bonheur, à prier, à demander à Dieu de l'aimer toujours, malgré son indignité. Cependant Dieu voulut la mettre une fois encore à l'épreuve. En songeant à la grande action qu'elle allait faire le lendemain, elle eut peur, et son âme timorée se demandait si elle était digne de recevoir son Dieu. Elle craignait de ne pas avoir assez expliqué ses fautes à son confesseur. Sa mère, qui était venue la voir, ne put la calmer, qu'en lui promettant pour le lendemain, de bon matin, la visite du prêtre qui avait reçu les secrets de son cœur. Et pourtant, la chère enfant n'avait pas à se reprocher des méfaits bien graves ? et, nous avons de fortes raisons pour croire que l'ange de son baptême n'avait pas eu à rougir de celle dont il avait protégé l'innocence; il n'avait pas eu, comme ces anges du Paradis terrestre, à se voiler la face et à remonter au ciel.

Le matin de cette journée sainte, sa mère, fidèle à la promesse de la veille, alla quérir Monsieur l'abbé V... Le bon prêtre eut vite fait de rendre la paix à cette âme que tourmentait un trop grand désir de perfection. Elle eut la joie de voir son frère V. admis à l'honneur de servir la messe de première communion!

Cette belle journée du 26 mai 1872 restera pour elle comme un de ses plus doux souvenirs! Et quelques années plus tard, en 1885, à la même date, elle écrira à une personne,pour qui le 26 mai a aussi un charme tout divin,ces lignes :

« Date chérie, que cette date du mois de mai, ce beau mois de Marie, ma patronne, elle est demeurée dans mon souvenir écrite en traits ineffaçables ! Mais cette date est-elle pour mon Jésus une date aussi chère à son cœur ?

« Le 26 mai 1872, il s'est donné tout entier à moi ; et, depuis ce jour, il a continué à me prodiguer sa chair en nourriture, ses faveurs, ses grâces ; mais moi, lui suis-je restée fidèle ? Je sens bien que mon amour pour lui s'est refroidi! Au jour de ma première communion j'aurais donné ma vie pour lui, et à cette heure, j'hésite souvent à lui faire le sacrifice de mon amour-propre, de mon orgueil, de mes aises ! Du moins, mon Jésus, quelque indigne que j'en sois, je vous prie de me garder toujours votre amour ici-bas et un petit coin de votre ciel pour l'éternité ! Aujourd'hui, 26 mai 1885, rendez-moi mon ardeur du 26 mai 1872 ! »

Et s'adressant à la personne à qui était destinée cette lettre, elle continuait : « Vous, du moins, pour qui cette date est chère aussi, ne m'oubliez pas dans vos prières, que cette date nous unisse dans le Cœur aimant de Jésus ! »

Ces lignes ne sont-elles pas suaves, ne débordent-elles pas d'amour divin ! et ne montrent-elles pas comme cette âme d'élite était reconnaissante de la bonté de Jésus, qui avait bien voulu se donner à elle.

Aussi, comme plus tard elle se dévouera à instruire les enfants du peuple sur leur religion ; elle aimera à les préparer à la première communion ; et elle manquera rarement de les accompagner à la Sainte Table. Elle appelle cela un devoir de charité, et si l'on s'étonne de son empressement à y être fidèle, elle répondra cette parole qui dénote une grande science de la doctrine de l'Evangile, et que nous lui avons entendu dire souvent : « Et depuis quand reçoit-on moins Jésus quand on est au milieu des pauvres ?

Je crois, moi, qu'il vit plus parmi eux que parmi nous; il a toujours aimé la pauvreté, et les pauvres sont ses amis, et aimer les pauvres c'est aimer Jésus ».

Qu'on nous permette, à ce propos, de raconter un fait qui finira de peindre et la délicatesse de cette conscience, et, aussi, le prix qu'elle attachait à une première communion bien faite. Un jour donc qu'elle était allée, dans une église faubourienne, remplir auprès d'un de ses enfants pauvres ce qu'elle appelait un devoir de charité, elle rentra, après la cérémonie du matin, bouleversée à tel point qu'elle en fut malade près de huit jours, pour avoir vu un renouvelant, un enfant du peuple, s'être mal conduit. La pensée que ce petit être, de douze ans au plus, pouvait avoir communié indignement, mais du moins sans foi, sans piété, lui fit verser des pleurs, et je sais que, pour cet enfant inconnu, elle dit pendant huit jours son chapelet. « Oh! si je pouvais, par mes prières à Marie, ramener ce pauvre enfant à aimer Jésus, disait-elle, je serais bien heureuse! j'aurais, au moins, fait une bonne action dans ma vie. »

Oui, la première communion fut toujours regardée par cette âme aimante, comme l'acte central de sa vie ; c'est à cette date chérie qu'elle aimait le plus à se reporter. La couronne de roses blanches, qui avait paré le 12 mai 1872 son innocence de douze ans, elle la conserva avec un soin jaloux; et cette couronne, au jour de sa mort, est venue de nouveau, suivant son désir, se reposer sur son front refroidi. Elle l'a emportée dans sa tombe ! Ses trois années de souffrance lui méritaient bien cette couronne, conservée aussi pure que son âme.

CHAPITRE III

ELLE TOMBE MALADE

Après sa première communion, elle va reprendre son petit train de vie. Elle entrera avec un saint empressement dans la congrégation des Enfants de Marie, et, à part une piété plus douce, plus affectueuse, une réserve qui grandira encore, elle gardera sa bonne nature d'autrefois : même ardeur au travail, même désir de faire honneur à son nom, même affection pour ses maîtresses, même amitié pour ses compagnes. Sa maison du Sacré-Cœur sera toujours, sans que cela paraisse au dehors, pleine de charmes pour elle, et chaque rentrée sera pour la jeune élève un moment de joie intime. Une année même, elle se désolera de ne pouvoir être présente à l'heure fixée par le règlement, et sa mère aura beaucoup de peine à lui faire comprendre qu'à l'impossible nul n'est tenu. On était à la campagne, à Bonnevaux, cette ancienne abbaye de Cisterciens, dont il ne reste plus maintenant pierre sur pierre. La Gère, ce tout petit cours d'eau, qui dans sa marche acquiert assez de force pour subvenir aux exigences de l'industrie viennoise, avait débordé, après deux jours de pluie et d'orage. Il avait fallu attendre que l'eau se fût retirée. Sa rentrée au Sacré-Cœur avait donc été retardée d'un jour. Elle craignait de perdre des points, et surtout de ne pas être digne du ruban, insigne de la sagesse.

Ainsi vont se passer, dans leur monotonie scolaire, les jours, les mois, les années, hélas peu nombreuses! car dès 1875, au commencement de l'année, la santé de cette chère enfant donnera par moments de graves inquiétudes à son père, et le cœur de sa bonne mère en prendra largement sa part. Elle s'était mise à grandir beaucoup dès la fin de l'année 1874, et cette croissance rapide avait affaibli sa santé qui, jusque là, avait été assez bonne. Elle devint triste, de cette tristesse qu'on ne s'explique pas, mais qui n'en est que plus funeste. Elle perdit peu à peu l'appétit; ses cours du Sacré-Cœur furent suivis forcément avec moins de régularité, elle en conçut une peine très vive. Sur ces entrefaites, la chère enfant perdit sa grand'mère, Madame Berne, qu'elle aimait d'un amour tout filial; elle ressentit ce deuil avec une vivacité de sentiments peu commune à la jeunesse. Elle avait été habituée à vivre depuis son enfance auprès d'elle, et Madame Berne était si bonne pour sa petite-fille! Du moins elle a été jusqu'à la fin de sa vie fidèle à la mémoire de sa bonne grand'mère. Avec quelle effusion je l'ai entendue parler de ces temps d'enfance, où elle venait dans la chambre de grand-mère ouvrir les tiroirs de la commode, furetant un peu partout, découvrant les bonbons, que la grand'mère cachait pour les faire trouver, tandis que, de son côté, l'aïeule racontait ces contes que savent si bien dire tous les grands parents, ou lisait la vie des saints. « Ce que j'aimais surtout dans grand'mère, dira plus tard la petite-fille, c'est qu'elle m'aimait, jusqu'à me dire mes défauts. » Belles paroles qui font l'éloge et de l'aïeule et de la fille !

Ce deuil de famille eut donc une fâcheuse influence sur la santé déjà ébranlée de Mademoiselle Berne.

D'ailleurs, les circonstances au milieu desquelles s'accomplit cet évènement douloureux ne firent que le rendre plus triste et aussi plus émouvant. Son oncle, Monsieur R..., était depuis plusieurs jours entre la vie et la mort, dévoré par une fièvre typhoïde des plus intenses. L'on s'attendait d'un moment à l'autre à un dénoûment fatal.

Monsieur et Madame Berne étaient dans la famille R., l'un pour ne point déserter ce poste difficile, et lutter jusqu'au dernier moment contre la mort, qui devait lui céder à la fin, l'autre pour soutenir et consoler une sœur au milieu de ses angoisses terribles. A Lyon, Madame Berne avait laissé ses trois enfants, Messieurs V. et E. et Mademoiselle Marie, au soin de sa belle-mère, qui depuis huit jours, se sentait indisposée. Mais rien n'aurait pu faire soupçonner quelque événement fâcheux.

Cependant, après le déjeuner, Madame Berne se retire dans sa chambre, et, peu après, la jeune Marie entend dans les appartements de sa grand'mère un bruit insolite. Elle accourt, sa grand'mère est étendue sans connaissance sur le sol. Effrayée, l'enfant appelle du secours. On relève la malade; le médecin arrive, constate une attaque. La malade ne s'en relèvera pas; et, après dix jours, elle meurt ayant repris pleine connaissance, entourée de tous les siens; mais sans que la paralysie, qui l'avait atteinte au côté gauche, lui eût laissé la liberté de ses membres.

Toutes ces circonstances, on en conviendra, devaient avoir un contre-coup sur l'imagination vive de la jeune Marie Berne et aggrava dès lors l'état précaire de sa santé. Aussi, à dater de ce moment, elle devint plus mélancolique, plus taciturne, c'est pour elle comme une nécessité de pleurer! Et bientôt tous les symptômes d'une grave anémie se déclarent. Elle en arrive à cet état morbide où une vague mélancolie s'empare des âmes! On ne sait alors quelle indéfinissable tristesse, dont les causes, la nature et le remède restent inconnus, remplit de malaise les heures de la journée. On sent un besoin d'émotions, et l'on ignore de quelles émotions. Les yeux se mouillent de larmes, dont la source reste cachée, l'âme se trouve désolée, sans pouvoir nommer un malheur. Tout ce que l'on sait, c'est que les occupations de la vie réelle déplaisent, par cela seul qu'elles sont de la vie réelle; que les consolations des hommes paraissent banales, par cela seul qu'elles sont des hommes! Qui, dans sa jeunesse, n'a pas eu son heure de tristesse et de rêverie?

Mais cet état peut être préjudiciable à la santé, quand il est entretenu par un malaise corporel. Ses jambes, comme il arrive souvent dans ces sortes de maladie, enflèrent et refusèrent presque de la porter. Cependant, elle eut toujours assez d'énergie de volonté, pour ne pas céder entièrement au mal, et demeurer encore debout.

Sa chère mère doit se rappeler ces promenades qu'elles faisaient toutes deux au Parc, promenades qu'elle renouvellera dans des circonstances aussi tristes, pendant les années 1886-87. Oh! comme elle était heureuse, au milieu de son anxiété, lorsqu'en revenant, elle pouvait se dire à elle-même: ma chère enfant a été moins triste, elle a causé plus que de coutume; son sourire avait encore un je ne sais quoi qui trahissait la mélancolie de son âme, mais ce sourire me fait espérer des jours meilleurs!

Oui, chère mère, Dieu voulait bien vous laisser, quelques années, votre enfant près de vous; votre fille n'était point assez mûre pour le ciel, et votre cœur avait encore à déverser dans le sien, ce qu'il contenait et d'amour maternel et de piété chrétienne.

C'est aussi à cette époque de sa première maladie que son amitié déjà ancienne pour Mademoiselle Marie B... va pour ainsi dire se renouer pour jamais et devenir une de ces amitiés bénies sur terre et qui passent par delà la tombe. Mademoiselle Marie B..., en effet, vint souvent visiter sa compagne de première enfance, son amie du Sacré-Cœur. Elles se comprirent mieux, s'apprécièrent davantage. Elles n'avaient jusque-là que joué ensemble, elles commencèrent à partager leurs souffrances, à pénétrer leur vie, elles parlèrent de leurs espérances, devisèrent de leur avenir, mêlèrent leur joie et leurs pleurs, et quand on a joué et surtout pleuré avec quelqu'un, on devient son frère ou sa sœur. Aussi, à dater de cette époque, vécurent-elles, non comme deux amies mais comme deux sœurs, et dans leurs lettres elles n'ont cessé de s'appeler de ce nom familier mais bien doux à porter.

CHAPITRE IV

QUELQUES ANNÉES DE RÉPIT
SON GOUT ESTHÉTIQUE

Cependant un mieux sensible c'était produit chez Mademoiselle Berne. On était arrivé à la fin des vacances de 1876. Le grand air, près des montagnes de la Savoie, une excursion en Suisse, une pointe poussée jusqu'en Italie, un court séjour à Bonnevaux et à la Forestière, avaient semblé avoir ramené le calme dans son esprit. Les bons soins et la distraction aidant, le mal paraissait conjuré. A la fin des vacances, sa mère veilla à ce que son active intelligence ne restât pas inoccupée. C'est alors qu'il fut permis d'apprécier les ressources vraiment admirables de sa féconde nature.

Il ne fallait pas songer à la remettre au Sacré-Cœur. D'ailleurs, à cette époque, chez ces dames de la rue Boissac, les études ne dépassaient pas la troisième ; et pour continuer son éducation, Mademoiselle Berne eut dû entrer à la Ferrandière. Il ne pouvait en être question un seul instant. Sa mère alors lui donna des maîtresses, qui toutes, ont fait d'elle leur petite amie; car l'approcher, c'était l'apprécier et l'aimer, et chez toutes elle a laissé un regret bien amer. Mademoiselle L. B... vint lui donner des leçons de piano. Sa gaîté de bon aloi, son entrain, sa charité toute chrétienne, son dévoûment furent pour beaucoup dans l'amélioration de la santé de Mademoiselle Marie Berne. Mademoiselle L. B... voulut bien, plus d'une fois, partager les jours de joie et de plaisir de son élève, et depuis lors, les vacances ne se passèrent pas sans que l'on se rencontrât à

Evian sur les bords si grandioses du lac Léman ; puis que, de là, l'on partît ensemble pour une excursion de quelques jours. Mademoiselle L. B... doit, entre autres souvenirs, se rappeler cette ascension de la Furca, et cet orage survenu près du lac de Lugano, pendant lequel on ne savait s'il fallait rire ou pleurer.

Mademoiselle Berne étudia le piano, comme elle avait fait pour le reste, avec plaisir, mais surtout en artiste ; et, en peu de temps, elle devint d'une force plus qu'ordinaire. Mais toujours chez elle l'artiste prima l'élève, je veux dire que, dans l'exécution, elle se laissait aller à son inspiration, à son impression, beaucoup plus qu'elle ne jouait, en obéissant à toutes les règles, souvent gênantes, de la méthode. Elle transcrivait sur le piano le morceau, moins avec toutes les nuances qui étaient marquées sur le papier, qu'avec les sentiments qui, dans son âme, faisaient écho à la musique. J'ai entendu jouer avec plus de science, jamais avec plus d'âme. Jamais je n'ai mieux compris, saisi le côté mélodieux et suave de la musique de Mozart, que, durant ces soirées, où se mettant au piano, très simplement, pour faire plaisir, elle faisait résonner sur le clavier, bien plus avec son cœur qu'avec ses doigts, les sonates immortelles de l'auteur de *Don Juan*. Beethoven, avec l'ampleur magistrale de son étonnante harmonie, lui plaisait surtout. Elle aimait cette étrange musique, et savait vous la faire goûter, comme elle la sentait elle-même. Cependant Chopin, et le côté rêveur de cette musique souvent funèbre répondait trop à l'état de son âme, pour qu'il ne demeurât pas son auteur favori.

Elle aima la peinture comme elle avait aimé la musique; et ses deux maîtresses, Madame P... et Madame Le.. D... n'eurent point d'élèves au cœur plus attaché, et à l'intelligence plus ouverte. Elle s'adonna à cette étude avec passion. Elle fit de son pinceau le compagnon fidèle de sa solitude. Elle l'aimait, et jusqu'à ses dernières années, où une souffrance de tous les instants la clouait sur son lit, on peut même dire jusqu'à son dernier moment, elle lui demanda de la distraire, de la consoler, et surtout de l'aider à faire vivre son souvenir auprès de ceux qu'elle aurait le plus aimés ici-bas.

A chacun, en effet, elle a légué quelque chose d'elle-même, quelque chose de sa pensée d'artiste, quelque chose de son affection. A sa grand'mère, Madame Faugier, elle porta pour le 15 juillet, la fête de saint Henri, un fusain très réussi, très nature, avec ses grands peupliers, qui viennent projeter leur silhouette allongée dans l'eau d'un étang.

A sa mère, elle donnait un livre où les mystères du Rosaire sont représentés en miniatures sur parchemin. Et sa mère, en parcourant ce livre, ne semble-t-elle pas entendre la voix douce de sa fille qui lui dit : Console-toi, bonne mère : en méditant les mystères douloureux de Marie, pense que ta fille jouit au ciel de la vue des mystères glorieux; espère que nous goûterons un jour ensemble les mystères joyeux du ciel, réunies alors pour ne jamais plus nous séparer.

A son père, elle enchâssa dans de fines aquarelles, qui devenaient tout un commentaire, ces poésies tombées du cœur de sa mère, vrai trésor pour une famille, et que la fête d'un époux et d'un père inspirait chaque année.

A son amie, Madame B... elle a laissé des pages enluminées, qui doivent lui être d'autant plus chères, qu'elles lui rappellent et son amie absente, et ce jour béni, où elle trouva sur sa route le soutien que Dieu lui destinait.

Quelques mois avant de mourir, hélas! ce ne fut pas sans surmonter souvent une souffrance qui ne lui laissait aucun répit, mais son affection de sœur doublait son courage, elle avait le bonheur, la consolation de mener à bonne fin et de déposer dans la corbeille de noce de sa belle-sœur, Madame Delphine Berne, ce livre broché d'or et d'azur, vrai chef-d'œuvre de goût, de patience et de travail, et dans lequel se trouve réuni tout ce que le Nouveau Testament contient d'enseignements sur l'auguste sacrement de Mariage. Vrai joyau, qui aura encore son prix, quand tous les autres se seront ternis; il emportera de génération en génération le souvenir toujours vivant de celle qui y inscrivit et son amour et son talent.

Pour celui qui fut, pendant les dernières années de sa vie, le dépositaire de ses plus intimes secrets, et comme souvenir de cette date du 26 mai, à laquelle nous avons fait allusion plus haut, elle groupa les divines paroles de Jésus sur le Sacerdoce, et les enseignements du grand Apôtre sur ce saint état; en fit un petit livre, et leur donna comme cadre des dessins ravissants.

Elle était déjà très sérieusement malade quand elle l'eut achevé, c'était le 26 mai 1886. Elle ne se faisait alors aucune illusion sur l'issue fatale qui lui était réservée. Les premiers mots que sa plume a tracés montrent bien que la mort est présente à sa pensée. « Souvenez-vous, écrit-elle au bas de la prière des morts, le *De profundis*, Souvenez-vous dans vos prières de l'âme qui vous fut chère dans le Seigneur; ne l'oubliez pas que vous ne l'ayez introduite dans les tabernacles éternels. » Ce cri, elle le jette dans le cœur de tous ceux qui liront ces lignes. Qu'ils lui donnent donc l'aumône d'une prière, c'est si vite fait, et cette aumône est si salutaire à nos âmes ! On me permettra de citer encore quelques lignes de la dédicace de son travail. Jamais les sentiments que peut avoir une âme n'ont été exprimés avec plus de délicatesse et de pureté. Ses pensées sont si belles, si près du ciel, qu'on ne peut les lire sans se sentir ému jusqu'aux larmes : « Que Jésus, dit-elle, puise pour vous dans les trésors de son amour le zèle des âmes, qui le fait Prêtre, Apôtre et Consolateur. Que Marie vous découvre, de plus en plus, le secret de cette tendresse qui gagne les âmes à Jésus.....

« Que saint Joseph vous donne à répandre sur les familles la Paix, cette Paix calme et sereine, avant-coureuse des joies du ciel..... Que mes souffrances achètent, à tous ceux que j'aime, une place de choix dans ce beau paradis, où Jésus veuille que je chante, avec eux, mon vrai chant d'Amour et de Paix. »

Tout commentaire affaiblirait, n'est-il pas vrai, ces paroles remplies de la piété la plus suave ! Je veux dire seulement que le cœur ardent de sainte Thérèse semble les avoir inspirées.

Voilà, pour ne parler que de ses œuvres les plus chères, ce que son pinceau a exécuté. Et cependant je devrais encore signaler ici, les canons d'autel qu'elle exécuta avec tant d'art et de soins, pour sa chapelle de la Forestière, dont elle était avec fierté la soigneuse sacristaine : puis ces autres canons, qui étaient destinés à une chapelle d'une maison de refuge d'*idiotes*, la maison de Sainte-Agnès. Après un service forcément interrompu, ils sont revenus orner sa chambre de Lyon.

Je ne puis oublier enfin cet ornement, qu'elle peignit sur soie blanche, pour qu'il servît à la messe d'actions de grâces le jour, où ses frères, libérés de leur volontariat, rentreraient sains et saufs dans la famille.

Mais son esprit était trop ouvert aux choses de l'intelligence pour qu'elle ne se portât pas avec plaisir à l'étude des belles-lettres. Mademoiselle Ch... continua, la première, ses études commencées au Sacré-Cœur; puis, plus tard, elle suivit avec assiduité, intérêt et profit, ces cours de littérature que Monsieur V..., professeur distingué du Lycée de Lyon, rédige, chaque année, pour les jeunes filles de la ville, avec une science consommée, et un art toujours plein de cette délicatesse que demande un si jeune et si impressionnable auditoire. C'est à cette école qu'elle forma son goût littéraire, et qu'elle acquit ce sens droit du beau, si difficile à former, si difficile surtout à conserver au milieu de ces mille productions hâtives de notre siècle enfiévré. Jamais, on peut l'affirmer, elle ne connut le roman du jour, le livre à la mode, pour se donner la seule satisfaction de pouvoir dire qu'elle l'avait lu. D'ailleurs, sa conscience délicate la mettait naturellement en garde contre ces livres, au titre équivoque, et jamais elle ne se serait permis la lecture d'un livre nouveau, sans avoir demandé conseil à ce sujet. Ce n'est pas qu'elle ne sût apprécier le mérite réel des auteurs de nos jours ; bien au contraire, et souvent, quand elle entendait lire une pièce de Sardou, de Pailleron, ou un roman d'Octave Feuillet, l'on était étonné des réflexions fines, mordantes parfois, et souvent profondes, que lui suggéraient les moindres sous-entendus politiques ou mondains de nos deux plus célèbres vaudevillistes, ou les analyses de psychologie féminine de l'auteur de la « Morte » et de tant d'autres miniatures, si finement ciselées qu'elles rappellent notre Meissonnier.

Je me souviens encore du plaisir qu'elle goûtait, durant les vacances, à ces lectures plus badines des après-midi ; quand là-bas, à Bonnevaux, sous les grands arbres des bois, ou à la Forestière, près du torrent de Mornantais, toute la famille était réunie, les dames avec leurs ouvrages pour les pauvres ; les hommes jouissant d'un moment de douce flânerie, un intime de la famille, que son métier de professeur avait familiarisé avec les auteurs, lisait, en les expurgeant, en les accommodant à la portée de son auditoire, des comédies de Molière, les contes de Daudet, les romans berrichons de George Sand, ou les désopilants voyages d'Alexandre Dumas dans cette Suisse, où il n'a peut-être jamais mis les pieds. Alors son esprit vif, alerte, devançant souvent les autres, se mettait vite comme de plain-pied avec l'auteur, dont il venait d'entendre les caprices d'imagination.

Elle aimait Jules Sandeau avec ses descriptions si fraîches. Ses poètes préférés étaient dans notre siècle, Musset, ce Chopin de la poésie, dont les fragments, qu'elle avait lus dans des extraits, ou qu'elle avait entendu lire, lui étaient allés au cœur; puis Victor Hugo, mais le Victor Hugo chrétien et ami de l'enfance; et Lamartine à qui elle reprochait pourtant une sensibilité voulue et trop efféminée.

Mais, malgré tout, les livres qu'elle aimait à feuilleter le plus, les livres qui formaient sa bibliothèque, étaient les ouvrages du grand siècle : Corneille, Racine, La Bruyère, qu'elle trouvait d'une finesse incomparable; Bossuet dont elle aimait à lire les *Sermons*, les *Méditations sur les évangiles*, les *Élévations sur les mystères*. Bourdaloue était, à son sens, trop froid, trop méthodique.

Elle avait lu *les Moines d'Occident*, du comte de Montalembert, les avait analysés. Madame Swetchine, cette femme si distinguée par le cœur et l'esprit, si française par ses affections, était pour elle un idéal qu'elle aurait voulu pouvoir suivre, même de loin. Elle avait lu et relu sa correspondance, elle ne pouvait se détacher de la lecture de ces lettres, qui débordent de la plus amicale intimité, jointe à un jugement si sûr qu'il approche du génie Elle aimait à parcourir la magistrale *Histoire du premier empire*, de Thiers. Elle apprenait l'histoire, si étrange parfois, du règne de Louis XV, et la diplomatie de la fin du XVIIIe siècle dans les ouvrages savants du duc de Broglie.

Tout ce qui touchait à l'histoire avait le don de la captiver, et l'histoire de l'Eglise était encore sa plus chère occupation. Elle s'était fait rédiger tout un programme d'étude sur l'Histoire ecclésiastique, qu'hélas! elle n'a pas eu le temps de mener à bonne fin.

Elle aimait *la Vie des Saints*. Elle trouvait, avec raison, qu'outre l'intérêt qu'un chrétien doit prendre à connaître les faits héroïques de ses aïeux, la vie des grands saints a été tellement mêlée à l'époque où ils ont vécu, qu'elle nous fait connaître, plus à fond, les tendances d'un siècle, ses besoins, ses mœurs, son caractère, son histoire enfin. Un auteur encore avait ses prédilections, car il fut artiste comme elle; c'était R. Topffer avec ses *Menus propos.*

Tout ce que nous venons de dire, montre à quel point son esprit était sérieux, son goût formé. Que de fois nous l'avons entendue discuter, avec des personnes intimes, sur les arts, sur nos diverses écoles de peinture, de musique; et montrer, par ses réflexions un sens droit, une compétence qu'on n'est pas habitué à trouver chez des jeunes filles. Mary Jenna, vers laquelle elle se sentait attirée, la rappelle par plus d'un point: même sensibilité, même délicatesse, même enthousiasme du beau, sous quelque forme qu'il se présentât; même nature maladive et d'une mélancolie qui n'a pu, cependant, étouffer un certain enjouement, don premier de la nature!

Nous ne pouvons oublier, en effet, avec quel entrain elle savait organiser ces petites parties de plaisir; avec quel art elle les rendait attrayantes; comme elle savait prendre la bonne plaisanterie, et rendre avec esprit et un à-propos peu ordinaire, une farce qu'un frère ou une cousine avaient organisée. C'est bien elle qui se faisait toute à tous.

Faut-il maintenant parler de sa piété? Ce que nous venons de dire nous dispenserait de le faire. Cependant on ne nous pardonnerait point de ne pas rappeler le soin qu'elle apportait à l'étude de la religion; étude qui, à ses yeux, devait passer avant toutes les autres. Elle suivit, avec un empressement jaloux, les leçons d'instruction religieuse que le R. P. Jaffre professa longtemps, chez ces Dames du Sacré-Cœur, aux jeunes filles du monde. Sa mère a encore ses cahiers rédigés avec un minutieux travail, et qui forment un cours complet de doctrine chrétienne. D'ailleurs, les livres qui traitent des questions religieuses, et, de ce chef, entrent dans sa bibliothèque, ne sont pas choisis avec moins d'intelligence et de goût que ses livres littéraires. C'est : *l'Histoire ecclésiastique*, d'Alzog ; *Le Christianisme et les temps présents*, de l'abbé Bougaud ; *Les Conférences du P. de Ravignan ; Le Livre de l'éducation chrétienne*, de Monseigneur Dupanloup ; *La Perfection chrétienne*, de saint Alphonse de Ligori ; les ouvrages de l'abbé Vigouroux sur les livres saints ; *La Vie et les Vertus chrétiennes*, de Monseigneur Gay, ouvrage qu'elle trouvait si beau ! *L'Introduction à la vie dévote*, de saint François de Sales ; *l'Imitation de Jésus-Christ, les Saints Evangiles*, n'étaient point sur sa table comme il arrive souvent, pour faire montre ; non, elle les lisait assidûment, et elle avait appris du saint évêque de Genève, non point que certains divertissements mondains sont permis, mais que de véritables chrétiennes doivent les éviter. Aussi bien, elle eut peu l'attrait du monde et de ses fêtes. Et quand des exigences de famille et de position sociale la forcèrent d'aller à lui, elle lui donna, avec grâce sans doute, mais toujours avec réserve, ce qu'elle ne pouvait lui refuser.

Cette lettre, dont on nous saura gré de transcrire quelques lignes, qu'elle écrivit en 1881, de la Louvesc à son frère Victor, montre, plus que nous ne saurions le faire, tout le sérieux de son caractère. Combien de jeunes filles de nos jours auraient, à vingt ans, des idées aussi mûres, des sentiments aussi chrétiens ? Il est plus prudent, je crois, de poser la question, que de la trancher.

Elle était allée, en compagnie de ses cousines, Mesdemoiselle F. R... et M. R..., faire une petite retraite; ou plutôt se reposer dans ces belles montagnes du Vivarais. Sa cousine, Mademoiselle F. R..., étudiait, dans une retraite sérieuse, une vocation qui devait la conduire au couvent des Dames de la Retraite. Mademoiselle Berne s'était jointe à Mademoiselle M. R..., sœur de Mademoiselle F. R..., et elles assistaient assez régulièrement toutes deux, aux quelques instructions données dans la chapelle de ces dames, tout en profitant du grand air. Comme on le voit, c'était moins une retraite qu'elle suivait, qu'un délassement d'esprit dont elle savait user en chrétienne. La lettre, que nous citons, le prouve bien.

« Cher frère, lui mande-t-elle, je me donne encore le *plaisir* de t'écrire puisque je n'aurai peut-être pas *celui* de te voir à mon arrivée à Lyon. Tu pars, en effet, toi aussi, faire une retraite. J'espère que saint Régis, auquel je *vous* ai tant recommandés, et recommanderai encore, te donnera de bonnes et généreuses inspirations. Pourquoi ne viendrais-tu pas faire ta retraite ici ? Il me semble que ces belles montagnes portent à la méditation ; et puis tu serais là tout auprès du bon Saint. Tu me dis que tu rêves souvent. Ah ! ne te laisse pas aller à cette inclination, le rêve n'a pas de réalité, c'est un monde trompeur. Donne-toi à la prière, je t'assure que voilà la seule manière de s'instruire. Mettre Jésus dans tout ce qu'on fait, et faire toujours tout en vue de Jésus, même les plus petites choses, c'est une excellente manière de s'instruire.

« Allons, bon courage pour ta retraite, n'oublie pas ta *sorellina* et ne nous reviens pas missionnaire du Japon ! Reviens prêcher, par ton exemple et ton amour, ce Dieu de l'Eucharistie que le monde oublie et délaisse. »

Puis elle continue sur le ton badin, qu'elle savait si bien prendre, en plaisantant son frère de sa lettre aux en-têtes tricolores. « Quelle belle lettre tu m'as envoyée ! Vas-tu faire de la propagande républicaine jusque dans le couvent béni de Saint-Jean-François-Régis ? J'aurais voulu que tu assistasses ce matin, dimanche, à la messe de paroisse. Je t'assure que ton incursion républicaine se serait arrêtée devant tous ces braves hommes, petits et grands, communiant sans respect humain ; toutes ces bonnes femmes recevant également le sacrement de l'amour, avec un recueillement et une foi si vive. On se sent à l'aise parmi ces bonnes âmes. Et personne dans les champs, personne à travailler, d'aussi loin que ma vue me permet de passer l'inspection. Aussi que leurs moissons sont belles ! Dieu les bénit. Ne conclue pas cependant de là que chaque fois que nos moissons sont mauvaises, Dieu nous maudit; car n'oublions pas que dans la main qui frappe, il y a souvent une bénédiction » .... Et elle terminait par ces paroles si profondes : « Frère, aimons-nous vraiment et saintement. Quand on aime bien, nous disait le Père dans une de ses instructions, quand on aime bien, une des meilleures preuves de l'affection, c'est d'avoir le courage de dire quelque chose qui fasse de la peine à celui qu'on aime, si cet aveu doit être utile à son âme. Eh bien, cher frère, je t'aime parce que je me sens ce courage, et s'il faut jamais t'avertir, ta *sorellina* le ferait avec franchise et amour ! Fais-le aussi pour moi. »

« A Dieu, cher et bon frère, à bientôt de

bonnes causeries *sérieuses*, sérieuses car il faut du sérieux et du vouloir pour arriver à quelque chose.

« Embrasse toute la famille, papa, maman, Etienne.

« A toi toute l'affection de ta *sorellina*,

« Marie,

« *Enfant de Marie.* »

Ces quelques lignes sont si belles dans leur simplicité affectueuse et chrétienne, que nous nous sommes laissé aller au plaisir de presque tout citer. Aussi bien, nous ne le regrettons pas, si par là nous avons mieux découvert la beauté de cette âme candide.

Mais sa piété, comme on peut le conjecturer, n'était pas une piété pour ainsi dire théorique. Elle savait mettre en pratique ce que ses lectures lui enseignaient. Elle se souvenait de cette parole de saint Jacques : « La foi sans les œuvres est une foi morte. »

Aussi sa vie a-t-elle été consacrée en partie aux bonnes œuvres et aux pauvres.

Elle aimait le pauvre, non point, comme on pourrait le croire, par instinct naturel, par besoin de s'attendrir sur les autres; non, tout au contraire, si elle n'avait écouté que son naturel très délicat, il lui eût répugné de se mettre en contact avec ces misères, qu'instinctivement nous fuyons.

Mais dans le pauvre, sa foi vive de chrétienne lui faisait voir Jésus, et elle allait joyeuse et dévouée, sans s'arrêter, devant les répugnances de la nature.

Elle avait souvent médité ce fameux sermon de Bossuet sur « l'*Eminente dignité des pauvres dans l'Eglise* » et elle mettait en pratique la morale du grand orateur. Que de familles elle a secourues! Que de mères, à qui elle a su procurer, avec une parole partie du cœur, le pain de chaque jour, ou des habits pour les enfants.

Elle aimait à citer ce trait, qu'elle avait lu dans la vie du P. de Ravignan. Ce saint jésuite, y est-il raconté, ne manquait jamais d'envoyer à un pauvre qu'il avait secouru dans une grave maladie, mais qui avait refusé les secours de la religion, le jour même de la fête de cet ouvrier, un gâteau avec sa carte. Le pauvre finit par se laisser toucher et mourut réconcilié. C'est ainsi, disait-elle, qu'il faut savoir agir! Et elle faisait comme elle disait. Elle aimait que les fêtes chrétiennes fussent, pour les délaissés de la fortune, de véritables fêtes; et elle savait, avec un art qui n'appartenait qu'à elle, envoyer à certains anniversaires, dans ses familles de pauvres, des douceurs qui auraient paru tout-à-fait superflues à un cœur moins compatissant.

D'ailleurs, il y a peu de familles qu'elle ait secourues et chez qui elle n'ait pas trouvé la reconnaissance du cœur; et Dieu a presque toujours ménagé cette récompense à sa charité. Puis elle était si bonne, si compatissante, que le cœur le plus dur retrouvait bien vite, à son contact, sa sensibilité naturelle. Que de jeunes filles du peuple à qui elle a fait apprendre un métier, et qu'elle a sauvées ainsi de la misère et du déshonneur. Les bonnes sœurs de Saint-Vincent de Paul ont été plus d'une fois ses aides dans ses recherches de la misère et des pauvres.

Avec quel instinct aussi elle découvrait les pauvres honteux! Alors elle redoublait de délicatesse, d'empressement, de soins, quand elle rencontrait une de ces infortunes. Il a été donné, à celui qui rappelle ces choses, d'assister pendant deux ans à ce spectacle vraiment édifiant d'une charité prodigieuse en ressources, et qui ne s'est pas démentie un seul jour. Madame de X... avait perdu et son mari et sa fortune, et elle restait avec quatre petits enfants à élever; eh bien, elle a pu trouver près de Mademoiselle Berne, et grâce à elle, des ressources qui lui ont permis de passer des jours moins mauvais. Ses enfants ont pu comprendre ce qu'était la charité chrétienne et l'amour du prochain.

Comme membre de la congrégation de l'Immaculée-Conception, elle prépara avec un soin jaloux, nous l'avons déjà dit ailleurs, les enfants à la première communion. Les œuvres, les loteries pour les ventes de charité, l'ont eue souvent comme aide, quoiqu'il lui en coûtât de se prodiguer en public; et ses mains industrieuses ont plus d'une fois alimenté un comptoir.

Nous n'étonnerons personne maintenant, si nous ajoutons qu'elle puisait cet amour de Jésus, des pauvres, du bien, de l'Eglise, dans la communion fréquente. Près de quatre ans avant sa rechute fatale, elle allait régulièrement tous les jours à la messe de six heures et demie, et trois fois par semaine venait à la sainte Table renouveler sa piété, et nourrir son âme. En qualité d'ancienne élève du Sacré-Cœur, elle était enfant de Marie; mais, pour le bon exemple, et pour ne point avoir l'air de dédaigner les jeunes filles d'une position inférieure à la sienne, elle avait voulu se mêler à elles, et se faire inscrire au nombre des enfants de Marie de la paroisse. La même pensée lui avait fait choisir la congrégation du Rosaire de la petite paroisse de Lieudieu, d'où dépend Bonnevaux. Elle portait avec dévotion le cordon de saint François, et la conviction intime qu'elle avait de son indignité, l'empêcha seule de se faire recevoir comme tertiaire.

Au commencement du mois de décembre 1884, elle fit une retraite sérieuse au couvent de la Réparation, à Lyon; et j'ai des raisons graves de croire qu'elle en était sortie avec l'idée de se consacrer plus spécialement à Dieu, si, son état s'améliorant, elle revenait complètement à la santé.

Elle avait songé à ses chères Carmélites, ou aux héroïques petites Sœurs des Pauvres. Je puis affirmer qu'elle fit prendre des renseignements auprès de la supérieure générale de la communauté des Petites Sœurs. Elle fut même un moment désappointée, car elle apprit qu'elle avait dépassé l'âge où l'on reçoit les novices. Sans se laisser rebuter, elle écrivit à Monseigneur Mermillod qui la rassura. Le saint prélat lui promit, quand le moment choisi par elle et par Dieu serait venu, de se souvenir d'elle, et de trancher toutes difficultés. Aussi bien, quand dans le courant de l'année 1885, Monsieur l'abbé Servonnet, chanoine de Lyon, aujourd'hui évêque de Digne, voulut établir, comme il l'avait fait autrefois à Grenoble, une providence pour les jeunes filles idiotes et abandonnées, il trouva en Madame F..., Mademoiselle B... et Mademoiselle Marie Berne, des auxiliaires dévouées.

C'est pour cet asile de charité que Mademoiselle Berne peignit ces canons d'autel dont nous avons parlé. Elle acheta toute la garniture de l'autel. Elle était heureuse de travailler pour ces chères idiotes. « Pauvres idiotes, écrivait-elle, et dire cependant qu'elles aiment peut-être plus Notre-Seigneur que mon indigne personne; ou tout au moins qu'elles lui sont plus agréables par leur pureté. » Elle aimait à aller les servir à table, et choisissait presque toujours, pour la faire manger, une de ces idiotes qui pouvait à peine se servir elle-même. On comprend que pour accomplir cet acte de charité, il lui fallait se surmonter, car en disant que cette enfant n'avait rien d'engageant, on resterait au-dessous de la vérité. Mais Mademoiselle Berne appelait cela faire son apprentissage, son noviciat. Ses dernières visites, ses dernières sorties furent pour cette maison. La dernière fois que la voiture de son père put la conduire, fut le 2 novembre 1885, fête des morts. Ce jour-là, elle eut comme le pressentiment qu'elle ne reverrait plus cette maison. Après le déjeuner, elle resta près de ces chères idiotes, aida à préparer leur repas de midi, et le soir leur fit ses adieux, les priant de ne pas l'oublier près du bon Dieu. Ces pauvres filles semblèrent comprendre qu'il s'agissait d'une séparation définitive, elles vinrent embrasser Mademoiselle Berne; elles pleuraient, et pour un instant elles avaient en quelque sorte vécu de la vie réelle. La tendresse qu'on leur témoignait avait touché leur cœur et porté à leur intelligence un éclair de raison. Mademoiselle Berne quitta la maison de la rue Charlet vers les quatre heures. Elle n'y devait pas revenir. Le 10 novembre, elle se mettait au lit pour ne plus se relever. Pour des raisons que nous n'avons pas à examiner ici, cette maison se ferma dans le courant de l'année 1887; le personnel fut dirigé sur la communauté de Grenoble, et les objets du culte rachetés par Madame Berne. L'autel et tous les accessoires sont allés à la chapelle de Bonnevaux.

Telles ont été ses années de jeune fille, années fécondes devant Dieu, où ne se mêlant pas au monde, elle vivait surtout le regard tourné vers le ciel; la main toujours ouverte à l'indigence, le cœur compatissant à toutes les misères. Elle se préparait ainsi à ces trois dernières années de sa vie, qui furent un martyre continuel.

Mais avant de raconter ses souffrances, son agonie et sa mort, nous voulons revenir un peu en arrière, et dire quelques mots de cette année 1882-83, qui fut l'année du volontariat de ses frères.

CHAPITRE V

LE VOLONTARIAT DE SES FRÈRES

1882-83

Ces quelques souvenirs, que nous évoquerons ici, seront surtout des souvenirs qui auront leur écho dans le cœur de ses frères. On peut le dire, en effet, pendant cette année du volontariat, leur sœur vivra surtout pour eux, pensant à eux, les encourageant par ses lettres, s'efforçant d'adoucir par ces mille petits riens que l'affection sait trouver, les ennuis de l'éloignement et les privations *laïques et obligatoires* de la caserne.

Son amitié de sœur a songé, bien avant

l'échéance, à cette date du 11 novembre 1882. Quand cette heure sonnera, il y aura près d'une année qu'elle sera devenue pour eux plus intime. Elle se laisse maintenant plus facilement aller à ces conversations familières et amicales, toujours sérieuses, où l'on devise un peu du passé, beaucoup du présent, mais surtout de l'avenir.

On dirait qu'elle veut se préparer à remplir auprès d'eux cette mission d'ange gardien et consolateur, qu'elle prendra pour sienne durant les douze longs mois de la caserne. Elle recherche leur compagnie, redouble d'attentions pour eux, et s'il faut solliciter quelques faveurs pour ses frères, elle sera heureuse de pouvoir se rendre ce témoignage, qu'elle n'aura pas hésité un moment; et que, par elle, ses frères auront passé quelques instants d'heureuse et bonne distraction.

N'est-il pas vrai, par exemple, frères bien aimés, que ce voyage de Rome dont le souvenir vous est si cher, vous le devez en partie à votre sœur ? N'est-ce point elle surtout qui, par son éloquence onctueuse et persuasive, enlève la permission comme à la pointe de l'épée ; si bien que le voyage était proposé et décidé dans l'espace de quelques heures. Oui, grâce à elle surtout, vous avez pu aller faire bénir par Notre Saint-Père le Pape ces bonnes amitiés ébauchées au collège, et qui se perpétueront durant toute votre vie. Et plus tard, quand le soir sera venu pour vous, comme il vient pour chaque journée que nous vivons, quand au détour du chemin vous rencontrerez une figure amie, ces simples mots : « J'étais du voyage de Rome » éveilleront dans vos âmes un souvenir de jeunesse ; et le soleil de vos vingt ans réchauffera votre cœur, et lui redonnera ce renouveau dont on a si souvent besoin dans la vie ! Ah ! elle avait bien compris que ce voyage à Rome n'était point un voyage de pure distraction, celle qui vous écrivait à la date du 3 avril 1882 : « Jouissez et profitez de votre voyage, faites pour l'avenir provision de souvenirs, faites surtout provision de foi, de courage, de vaillance pour la lutte. Que cette bénédiction de notre Très Saint-Père le Pape me semble une grande grâce avant votre entrée dans une carrière! Nous sommes montés ce matin à Fourvière, vous mettre sous la protection de Marie, et j'ai fait à votre intention la sainte Communion. »

Et dans une autre lettre : « Mon cher Etienne n'est plus là, il est à Pise au sommet de la tour penchée; peut-être comme l'illustre Galilée y fait-il des expériences sur la chute des corps... Profite de ce voyage pour faire de bonnes provisions sous tous les rapports, au moral et au physique... Demande pour moi dans tes prières, que je ne perde jamais la foi. C'est la seule chose qui m'effraie ! On voit tant de gens catholiques n'avoir plus foi qu'en leurs richesses! Le reste ne compte pas. » Dans une autre lettre, elle rappellera à son frère V... de ne point oublier le crucifix qu'elle lui a confié, pour que le Saint Père le bénisse; et elle réclame surtout l'indulgence de la bonne mort.

Toutes ces lettres écrites à ses frères pendant leur voyage à Rome, débordent de sentiments pieux, et avec cela sont charmantes de gaîté, de cette gaîté qui lui était si naturelle, de cet esprit de bon aloi, qu'elle trouvait sans le chercher. On est étonné aussi du sens esthétique dont elle fait preuve, quand elle parle de cette terre privilégiée de l'Italie, où l'art païen le dispute longtemps à l'art chrétien, et lui cède enfin avec les grands maîtres de la peinture et de la sculpture, qui sont allés puiser leurs plus belles inspirations à cette source toujours féconde de la religion chrétienne et de ses mystères.

Ses frères venaient à peine de rentrer de leur voyage de Rome qu'elle avait la joie d'accompagner à Paris et à Versailles sa tante et son oncle Madame et Monsieur R... Leur fille aînée, Mademoiselle Félicie R..., devait, en effet, se décider la première à quitter le monde pour la vie religieuse, et elle allait prendre l'habit chez les Dames de la retraite de Versailles. Sa sœur, Mademoiselle Marthe, ne devait la suivre que quelques années plus tard.

Les lettres qu'elle écrit de ce couvent de Versailles sont, comme toujours, empreintes de la plus exquise piété. Elle mêle à cet enjouement qui, chez elle, ne perd jamais ses droits, un sérieux qui n'appartient qu'aux hautes intelligences et aux âmes habituées à la méditation. Elle apprécie à sa juste valeur le sacrifice de sa cousine, sacrifice de sa volonté, sacrifice des affections de famille, sacrifice de ses aises et des plaisirs légitimes qu'elle eût pu rencontrer dans la vie; mais elle voit tout cela avec les yeux de la foi, et elle reprend aussitôt: « *Vrai sacrifice*, oui, mais si nous sommes chrétiens, ce sacrifice devient un échange! Ma cousine est bien heureuse, elle a préféré Jésus au monde. Comment ne serait-elle pas heureuse, comme Marie de l'Evangile, elle a pour elle la meilleure part ? Jésus l'a appelée, c'est qu'elle était meilleure que son indigne cousine Marie »... Belle âme que celle qui comprend la vie avec cette intelligence des choses de Dieu !

Je ne résiste pas au plaisir de citer presque en entier une autre lettre écrite à son frère. Elle s'y montre avec toutes ses qualités de cœur et d'esprit.

Elle vient de sortir du Louvre, de ce Louvre qu'elle a jadis visité avec son frère, et dans cette belle salle d'Apollon, elle a retrouvé un bon vieux peintre qu'ils y avaient laissé il y a trois ans. « Je me demandais, écrit-elle, si je le reverrais quand je l'aperçus, la palette à la main, dormant la tête sur son chevalet. Il aurait pu poser pour un tableau représentant le Créateur se reposant le septième jour de son œuvre. Trois toiles l'encombraient, toujours les mêmes d'ailleurs. Imagine-toi qu'il a quatre-vingt-douze ans et il travaille au Louvre depuis sa jeunesse. C'est bien à ce type que tu devrais t'adresser pour tes questions sociales. Ses toiles, quoiqu'un peu *genre croûton*, auront certainement, vu son âge, une certaine valeur après sa mort. Une bonne spéculation ! Il se nomme Achard. » Puis elle continue sur ce ton sérieux, en faisant allusion à une expression qui, dans une de ses précédentes missives, avait choqué un peu son frère. « Ta critique sur le mot « Populace » que j'ai employé, est juste, je le regrette et te prie de le supprimer. Cependant je te dirai que ce mot rendait bien ma pensée. Oui, Jésus a mis entre nous l'égalité de l'Evangile et de la rédemption ; cependant n'est-il pas vrai qu'au point de vue social, car nous faisons malheureusement de la politique et de la religion deux choses, n'est-il pas vrai que tu distingues la noblesse de la bourgeoisie, la bourgeoisie du peuple, et moi je distingue le peuple de la populace. La populace, c'est le ramassis de toutes les classes, rongé par la jalousie, la haine, l'envie, abruti par la paresse et la débauche. C'est cette catégorie de gens que j'ai rencontrée au Jardin des Plantes.

Monsieur l'abbé Perraud,que tu me cites, dit, et j'applique ses paroles à ces pauvres gens, « qu'un diamant mal enchâssé perd son prix », eh bien, ces gens avinés me font l'effet d'une âme dont le signe du rédempteur est effacé ; et les voir me serre le cœur. Quand je pense à notre pauvre et beau pays de France, et que je jette mes regards sur ceux qui nous entourent, je m'attends à tout ; ou plutôt, comme le dit le P. de Ravignan : « L'Ame triste va de la croix se précipiter dans la prière ». Oui, je m'y précipite et je crie à Celui seul qui peut donner la paix sociale : « paix et miséricorde ». C'est vers vous, frères, c'est vers nous, femmes chrétiennes, que le bon Maître jette un regard triste et désolé. Sachons répondre à son appel et être de vrais soldats de Jésus-Christ. La récompense sera si belle. A vaincre sans péril on triomphe sans gloire, les périls et les difficultés sont innombrables, mais que la gloire sera grande aussi. Et puis, que les choses de la vie sont de peu de valeur! On n'a le temps que d'ébaucher, jamais celui d'approfondir, même pour s'aimer. S'aimer, n'est-ce pas une science qu'on ébauche dans le cœur de sa mère, et qu'on développe tous les jours? S'aimer, c'est ce qui fait le plus jouir et le plus souffrir. C'est surtout par l'amour que Jésus a le plus souffert; et nous faisant à son image, il a voulu qu'à son exemple, ce fut l'amour qui nous fit le plus souffrir. Non, non, on n'a pas le temps de s'aimer sur terre! Aussi, je comprends cette définition du ciel de Madame Swetchine: « Le ciel ce sera s'aimer en paix. »

« Oui, aimer parfaitement, aimer toujours, voilà le ciel! Que notre félicité sera grande, cher frère, pour nous qui comprenons de même, qui avons les mêmes aspirations... Tu te dis effrayé de notre conversation; mais regarde Monique et Augustin contemplant la mer et parlant du ciel, ont-ils peur? O mon frère, parler de Dieu, parler du ciel n'est pas perdre son temps, ce temps si précieux qu'il est de la monnaie pour acheter le paradis. Je suis si heureuse de penser que mon frère est chrétien, qu'il sait que je le suis, qu'il me parle de ce que j'aime, qu'il me montre ce but que nous voulons tous atteindre... » Puis avec naturel et simplicité, elle racontait ses visites aux musées de Paris et de Versailles, du grand et du petit Trianon, et le souvenir de Marie-Antoinette lui arrachait ce cri du cœur : « Je t'assure bien que nos bourgeois enrichis ont beaucoup plus de luxe que notre malheureuse reine. Le village suisse, avec sa laiterie, son petit moulin, son presbytère, me semble un jeu d'enfant et non un jeu de reine; oui cela est vrai; mais pourquoi mettre un si grand acharnement à lui reprocher tant d'innocence après tout ? ».

Heureux entretiens que ceux-là ! L'âme s'y épure, le cœur s'y dilate, l'esprit s'y développe! Heureux frères d'avoir eu une telle sœur! Ces pensées sérieuses, qu'elle jette dans vos cœurs, vous soutiendront dans les heures de découragement ou de tentation, qui seront quelquefois les vôtres durant ces jours du volontariat. Combien sont différentes ces lettres qu'on s'écrit d'ordinaire entre frères et sœurs! On y parle des futilités de la vie, des derniers romans parus, de parties de plaisir à organiser, de toutes ces choses enfin, qui rapetissent l'âme au lieu de l'élever, rendent plus étroit l'horizon de la vie au lieu de l'élargir, resserrent le cœur au lieu de le dilater! Si du moins ces conversations étaient plus aimantes! Mais, malheureusement, elles ne sont que plus frivoles!

Cependant l'époque du volontariat approchait. Elle voulut accompagner ses frères à Notre-Dame-de-Lourdes, pour recommander à Marie leur corps et leur âme, et jouir de leur compagnie avant la séparation du 11 novembre. On était déjà au mois d'octobre. Leur mère, heureuse de se trouver une fois encore, avec ses trois enfants, voulut bien de Lourdes pousser jusqu'à la charmante plage de Biarritz, remonter par les Landes jusqu'à Bordeaux. C'était la première fois que Mademoiselle Marie voyait l'Océan. Elle en fut vivement impressionnée, et elle a relaté ses impressions dans une lettre, adressée à une personne de Lyon, et qu'il nous a été donné de lire. On y reconnaît sa même âme d'artiste et de chrétienne.

« Que l'océan est beau, avec l'étendue de ses eaux et le mugissement plaintif de ses vagues! Comment peut-on, devant ce spectacle grandiose, ne point voir par delà cette immensité, l'infini, Dieu lui-même! Je viens de quitter la grève et j'entends encore de ma chambre la plainte mélancolique que le flot jette à la plage, et ces bruits déchirants que font entendre les graviers, quand la vague les entraîne dans son reflux. On dirait le cri des âmes des trépassés qui demandent une prière; aussi, avant de m'endormir, je vais réciter mon chapelet pour les âmes les plus délaissées du purgatoire... »

L'on revint à Lyon après une courte absence de huit jours, et il fallut songer aux préparatifs immédiats du départ pour Grenoble, c'est-à-dire pour l'armée.

Elle secondera sa mère dans ces différents achats que multiplie toujours l'amour inquiet d'une mère. Elle pensera à tout; et au jour du départ, ses frères auront reçu des mains de leur sœur de petites croix d'argent, que ces souvenirs doivent rendre plus précieuses. Elle désire qu'ils les emportent, afin que l'Image de Jésus soit toujours dans leur chambre à la place d'honneur, pour les bénir, les protéger. Elle est bientôt à Grenoble avec sa mère. Elle veut se donner le plaisir de ranger elle-même cette chambre, où ils se réuniront le soir avec leurs amis, leurs camarades de collège, qui sont devenus leurs compagnons d'armes. Elle s'est vite entendue avec Madame M... qui, elle aussi, a un de ses fils militaire, pour qu'une belle gravure du magistral tableau d'Hébert « Notre Dame de la délivrance » soit appendue à l'endroit le plus apparent de l'appartement. Cette vierge d'Hébert fut une de celle qu'elle affectionnait le plus, avec la « Mater admirabilis » qu'elle apprit à connaître et à prier chez ces dames du Sacré-Cœur. Rien n'est oublié, jusqu'à ces petites gâteries, qu'une sœur seule sait trouver et fait accepter toujours.

Elle rentre à Lyon avec sa mère, et il faudra pendant un an vivre séparés les uns des autres. Elle redoublera alors d'affection pour sa mère, l'entourera de soins plus empressés. Elle comprend qu'elle doit l'aimer pour trois, et lui alléger les ennuis d'une séparation, toujours pleine d'anxiété pour un cœur de mère et de chrétienne. Elle reprendra auprès de ses frères le rôle de Sainte-Scholastique. Je veux dire que, comme la sœur de saint Benoît, elle viendra souvent dans ses lettres causer avec ses frères, comme elle a appris à le faire déjà, des choses de Dieu, de l'avenir, des beaux-arts. Elle les entretiendra dans de bonnes pensées, dans les souvenirs de la famille. Elle les encouragera, et comme il est raconté dans la légende de la Sainte, pendant ces agréables tête-à-tête, l'orage pourra souffler au dehors, ses frères du moins seront à l'abri près du cœur de leur sœur. Elle travaillera pour eux à cette chasuble dont nous avons parlé plus haut, et qui doit servir à la messe d'actions de grâces au grand jour de la délivrance.

L'été viendra, on ira à Uriage passer près d'eux le mois de juillet. Le mois d'août reconduira toute la famille dans les bois de Bonnevaux. Ses frères y viendront deux ou trois fois. Le temps passe, le mois de septembre est bien vite là ; et dès octobre, il faut songer à « préparer si bien le nid de ces oiseaux volages, qu'ils n'aient plus envie de reprendre leur vol ».

Le 11 novembre 1883 les ramène enfin au foyer. Après quelques jours consacrés à la joie du retour, elle reprend sa vie ordinaire, partagée entre la prière et les occupations de l'intelligence.

Tout semble promettre un avenir heureux! L'année du volontariat est restée comme une de ses meilleures années, malgré certains retours à cette mélancolie d'autrefois, qui n'échappèrent point, surtout pendant le séjour du mois d'août à Bonnevaux, au regard vigilant de son père, et au cœur de sa mère. Néanmoins, les derniers mois de 1883, et surtout la joie de retrouver ses frères, semblaient avoir dissipé tout malaise. Sa santé, si précieuse à chacun, paraissait désormais à l'abri de toute atteinte. C'est donc l'âme remplie des plus belles espérances que son père et sa mère voient s'ouvrir l'année 1884.

CHAPITRE VI

LA MALADIE REVIENT

Ces espérances ne devaient point porter leurs fruits ; car dès le mois d'avril 1884, elle semble moins bien. Elle reprend ce dégoût de la nourriture qu'elle avait eu dans sa première maladie. Il y a encore chez elle des intermittences de mieux qui donnent quelque espoir. Mais le mois de de juillet ramène les vacances, et, après un séjour à Evian et un petit voyage, on rentre à Bonnevaux. C'était la dernière fois qu'elle devait y passer quelques jours en famille ! En eût-elle le pressentiment ? Ou bien la maladie, longtemps combattue, reprit-elle le dessus ? Toujours est-il que le mois d'août fut pour elle un mois de tristesse profonde. C'est souvent qu'elle allait seule, à l'écart, se perdre dans les sombres allées des bois pour y pleurer à l'aise. Plus d'une fois les personnes de la maison inquiètes de ne point la voir au milieu d'elles, l'ont cherchée et l'on rencontrée à genoux au peid d'un arbre, les yeux baignés de pleurs ! Et, quand on lui demandait la cause de ses pleurs, elle répondait avec une tristesse qui faisait mal à voir : « Je ne reverrai pas Bonnevaux, je lui fais mes adieux. Je mourrai bientôt, je le sens ; et cependant, ce Bonnevaux est bien cher à mon cœur ; mes meilleurs souvenirs sont là ! Où sont donc allées, ces charmantes soirées d'autrefois, où, réunis tous au salon, nous riions de si bon cœur ? Tout cela est fini pour moi ! Voilà pourquoi je pleure. » Et rien ne pouvait la détourner de ces idées lugubres ! Je me rappelle encore le jour où l'on quitta Bonnevaux ; toute la matinée, elle la passa à pleurer, à prier; et quand, vers les deux heures, on se mit en voiture pour partir définitivement, il fallut longtemps pour la décider à quitter ce petit salon. Je la vois encore à genoux près du canapé, la tête dans ses mains, sanglotant, priant et répondant à ceux qui venaient la chercher: « Oh! laissez-moi voir une dernière fois tous ces coins, laissez-moi recueillir tous mes souvenirs, laissez-moi les emporter, je vous demande cette dernière consolation. »

Enfin l'on partit, on allait à Montbreton rejoindre la famille R..., avec laquelle on devait se rendre à la Louvesc, près de saint François-Régis. Mademoiselle Marie, en effet, avait fait le vœu d'aller avec ses parents visiter le bon Saint, si ses frères passaient heureusement leur année du volontariat.

La route dissipa pour un instant ses pénibles préoccupations, et quand le soir on arriva à Montbreton, — propriété de Monsieur R., — elle avait repris un certain entrain, qui se communiqua à tous. Le lendemain, l'on partit de bon matin pour la Louvesc. Le chemin de fer conduisit tous les pèlerins de Saint-Rambert d'Albon à Annonay. Là, une vaste voiture nous reçut, les uns dans ses flancs, les autres, les plus jeunes, sur son dos; et après un arrêt au village de Satilleux, l'on arriva à bon port vers le soir. Tout le monde avait mis du sien, le voyage avait été des plus gais; toutes les fâcheuses impressions de la veille semblaient dissipées. Et cependant, elle gardait encore au fond de son âme, malgré une gaîté apparente, ses pensées tristes comme la mort. Cette lettre, qu'elle donna le lendemain matin au prêtre qui devait dire la messe pour tous, atteste, dans sa naïve simplicité, les sentiments qui tourmenaitent son esprit. « Remerciez, je vous prie, disait-elle, saint François-Régis de ce que mes frères soient revenus de leur volontariat, indemnes de corps et d'esprit. Je les lui avais confiés, à ces deux points de vue. N'ai-je pas été pleinement exaucée? C'est donc une fervente prière d'actions de grâces que je vous prie d'adresser au ciel avec la mienne. Seule, je ne saurais dire que peu de choses, et encore le mal dire, vous m'aiderez et j'obtiendrai plus encore. »

« Vous nous présenterez tous au bon saint, et vous lui recommanderez notre avenir ; l'avenir de mes frères surtout. Pour le mien, vous demanderez une bonne mort. Il me faut un cercueil et rien de plus ! Pensez aussi à ma chère Marie B... Je voudrais tant que saint Régis présente sur sa route une âme qui la comprenne. »

« Priez pour mes parents, pour mon père en particulier ; demandez pour eux ce bonheur que je n'ai pas su leur donner, et puis une grande résignation à la volonté de Dieu ! Si le bon Dieu ne veut pas accepter mon sacrifice de suite, oh ! obtenez pour moi une place au banc des âmes utiles, et, je le sais, rien n'est plus utile au salut que la souffrance ! Cette souffrance, si Dieu me l'envoie, je l'accepte de grand cœur, demandez pour moi la grâce de Jésus, afin que je ne faille jamais! Et enfin, priez à mes intentions intimes, et vous sentirez alors se répandre dans votre âme les plus abondantes bénédictions du cœur de Jésus. Je veux vous demander encore une grâce : quoiqu'il m'arrive, ne m'abandonnez pas, soyez là près de moi au moment de ma mort. »

L'on redescendit vers le soir, et à la voir gaie comme les autres, personne ne se serait douté qu'au fond de son être il y avait une tristesse qu'elle ne surmonterait pas.

Cependant on atteignit novembre 1884, et ce mois devait lui apporter une peine de cœur. Elle perdit, en effet, son grand-oncle, Monsieur Ennemond Berne, qui s'éteignit, en pleine jouissance de ses facultés, à l'âge respectable de quatre-vingt-quatorze ans. Homme actif et entendu aux affaires, il avait, pendant plus de quarante ans, mérité d'être choisi par ses concitoyens pour gérer sa commune de Chassagny, où il a laissé, avec des regrets, le souvenir édifiant d'une vie laborieuse, et d'une droiture d'âme exceptionnelle. Il était chevalier de la Légion d'honneur. Ce deuil l'affligea, et elle pleura beaucoup son grand-oncle. Elle aimait tout particulièrement ce bon vieillard. Son âme chrétienne n'oubliait pas qu'à son baptême c'était lui qui avait promis pour elle, devant Dieu, de vivre et de mourir dans la sainte Eglise de Jésus.

Au mois de décembre de cette même année, elle alla, comme nous l'avons dit, faire une retraite dans le couvent des Dames de la Réparation. Cette retraite sembla lui avoir rendu le calme. Elle s'était remise au travail, continuait, avec plus d'ardeur que jamais, ses œuvres de charité. Ses idées de sombre mélancolie, qui l'avaient obsédée à Bonnevaux, semblaient disparues. En effet, elle n'en reparla pas. L'on arriva ainsi jusqu'à Pâques de 1885 qui, cette année, tombait au mois d'avril ; et rien de trop anormal ne s'était remarqué dans l'état toujours inquiétant néanmoins de sa santé.

Cependant son père tomba presque subitement malade, non point d'une de ces maladies graves qui vous clouent au lit et vous conduisent à la tombe, mais de ces maladies qui semblent respecter le corps et atteignent le moral.

Le dégoût s'empare alors de vous, l'on voudrait reprendre ses occupations et l'on n'en a point le courage. La raison vous dit que la distraction pourrait vous être utile, et le cœur n'y peut consentir. La machine humaine, en un mot, sans être délabrée, manque de ressorts, ou du moins ses ressorts ne jouent plus. Peu forte comme elle l'était, rendue plus impressionnable par son état maladif, elle en était arrivée à ce point où un rien peut déterminer une chute dont il est difficile de se relever.

Au mois de mai, on partit pour Notre-Dame de Lourdes. Elle en fut heureuse; elle disait qu'elle allait là-bas près de Marie immaculée demander pour sa famille la santé et le bonheur, pour elle une bonne mort. « Vivre pour le monde, écrivait-elle de Lourdes à la date du 3 mai, vivre pour le monde, c'est semer pour récolter des larmes souvent bien amères; vivre attaché à la croix, c'est encore le meilleur. Là, au moins, on regarde le ciel, le tout est de bien vivre sur cette croix, vous m'aiderez à y chanter un hymne d'amour à Jésus. »

« Vous voudriez bien savoir où en sont mes idées sur la mort! Apparemment disparues, intérieurement je les savoure. N'allez pas croire que c'est par vertu que je me surmonte, pour faire bonne figure; je ne suis pas si parfaite, c'est plutôt par amour-propre. Cependant, je dois vous dire qu'ici je jouis un peu. Ces braves gens me font du bien avec leur foi! Pourquoi faut-il que la mienne seule soit si peu solide! »

Au retour de Lourdes, l'on passa quelques semaines à Lyon, puis on alla pendant les mois de juillet, août et septembre alternativement à Estressin, à Montbreton dans la famille R., puis à la Forestière. C'est pendant son séjour à Estressin que le mal, qui couvait dans son corps, se déclara subitement et prit dès le premier jour un caractère alarmant. Ses jambes enflèrent tout à coup, et la nourriture qu'elle prenait, elle ne pouvait la garder. Cependant elle ne se plaignit pas, cacha son mal et ce ne fut qu'après trois semaines de souffrances assez violentes qu'on s'aperçut d'un changement notable dans sa personne ; on essaya d'enrayer le mal, sans y parvenir. Elle, de son côté, continuait sans trop se soucier de l'avenir, sans trop se préoccuper de son état, à être agréable à tous, cherchant à distraire tout le monde, allant, venant, travaillant à sa peinture, se mettant au piano pour faire plaisir, en un mot continuant sa vie ancienne avec une sérénité d'âme qui étonna plus d'une fois. Quand vers la fin d'octobre, on rentra à Lyon, son état n'avait fait qu'empirer, et bientôt il lui fut presque impossible de se soutenir sur ses jambes.

Elle sortit encore deux ou trois fois en voiture; sa dernière visite au monde fut, avons-nous dit, pour ses chères idiotes de la rue Charlet. Sa dernière sortie fut le 10 novembre, où elle descendit péniblement à l'église pour communier à la messe de six heures et demie. C'était sa dernière communion à l'église. Après la messe, elle remonta chez ses parents, exténuée, à bout de forces et ayant besoin d'un bras étranger pour arriver jusqu'au second étage. Elle resta levée jusqu'à neuf heures. Enfin, trahie par ses forces, mais non par son courage, sur les intances de sa grand'mère qui, ce jour là, se trouvait à Lyon, elle se décida à se mettre au lit. La pauvre enfant ne devait plus se relever, et pendant trois longues années des souffrances de tous les jours viendront torturer son corps sans jamais porter atteinte à sa foi. Elle saura souffrir, car elle souffrira en union avec Jésus.

C'est pendant ces dures années qu'elle écrit dans ses cahiers intimes, ces pensées parties du cœur et dictées par un grand amour de Dieu, et un sens tout chrétien de la douleur On en connaît déjà quelques-unes. Sa mère en a orné le « Memento » qu'elle fit distribuer, pour rappeler aux prières des amis l'âme de sa chère défunte. Qu'on nous permette de ne transcrire ici que celles-là :

« O Jésus, je vous appartiens, je suis à vous dans la maladie, dans la santé, selon votre bon plaisir. »

« Mon Dieu. ne me laissez pas perdre le bénéfice de mes longues souffrances. Faites moi souffrir mille fois plus encore, mais rendez-moi sainte. »

« Ce n'est qu'en écrasant l'olive qu'on lui fait rendre son huile précieuse. »

« Seigneur, bénissez mon désir de mieux souffrir, et soyez ma force, ma consolation à jamais. »

« Ne me laissez pas languir loin de vous sur cette triste terre. Ou toujours y souffrir pour gagner votre amour, et vous prouver le mien ; ou mourir pour vous posséder. »

« Mourir ! quelle douce espérance. Jésus, je vous appelle, soyez bienveillant à mes appels réitérés. Je vous appartiens, je suis à vous. O maître plein de tendresse et d'amour, apprenez-moi à souffrir avec joie ».

« O Vierge, ma bonne mère, prenez en miséricorde votre pauvre enfant de Lourdes ; accordez-lui la Foi, cette foi, qui fait voir dans toute épreuve la Providence céleste, voulant le bien éternel de la victime immolée ; accordez-moi la confiance dans votre tendresse, et surtout une sainte mort. Je vous en supplie, donnez-moi le Ciel et Jésus pour partage. »

Des mains plus autorisées que les nôtres iront religieusement glaner dans ses cahiers et sa belle correspondance, et nous donneront un jour, nous en avons du moins l'espérance, un recueil où elle revivra alors avec toutes ses qualités d'artiste et surtout de chrétienne, bien mieux que dans ces pages forcément incomplètes, et aussi trop imparfaites.

Mais les quelques pensées, que nous venons de transcrire, ne montrent-elles pas une âme heureuse de ses souffrances, parce qu'elles sont voulues par Dieu ; une âme chez qui la foi est vive et l'amour plus vif encore ! Une âme qui ne comprend rien aux choses mesquines de la terre. mais qui est savante dans la doctrine céleste de l'Evangile.

Dès le début, elle ne se fit aucune illusion sur la gravité de son état. Quelques jours même après qu'elle se fut mise au lit, elle raconta au directeur de son âme qu'un jour elle avait lu dans la *Vie du Père de Ravignan*, qu'une brave ouvrière avait demandé à Dieu de lui envoyer en grâce les maux de tête qui torturaient le saint Jésuite, et qu'elle fut exaucée.

Dès ce jour, en effet, à époque périodique, cette femme, qui n'avait jamais souffert de la tête, endura de grandes souffrances, tandis que le Père fut délivré de ces maux violents qui, souvent, l'empêchaient de travailler au salut des âmes. « Moi aussi, continua-t-elle, j'ai voulu faire pour mes frères ce qu'une simple ouvrière a fait pour un étranger, et je me suis offerte à Dieu en sacrifice l'année de leur volontariat. J'ai demandé à Dieu de les épargner, de me les conserver à tous les points de vue, et de ne frapper que moi. Voilà plus d'üne année que Dieu me fait sentir qu'il m'a exaucée, et a agréé mon sacrifice; voilà plus d'une année qu'il me rappelle tous les jours ma promesse, et me demande quelque chose de ma personne. Je l'en remercie, c'est une preuve qu'il m'aime, malgré mon indignité. Vous rappelez-vous notre dernier séjour à Bonnevaux, et ma tristesse avant de le quitter pour toujours, voilà la vraie cause de mes pleurs. Dès cette époque, une voix m'a dit dans le fond de mon âme : « Ma fille, je t'ai entendue, et je viens. Prends courage, tu auras beaucoup à souffrir, mais je t'aiderai. Oui, que Dieu me vienne en aide. Priez avec moi et pour moi. »

Ah! si parmi les âmes qui liront ces lignes, il y en avait quelques-unes qui regardassent ces choses comme les simples effets d'une imagination exaltée, je les plaindrais et prierais Jésus de les éclairer; car elles me prouveraient qu'elles ne savent pas ce que c'est que de parler avec Jésus, qu'elles ne prennent de la religion du Christ que des formules extérieures et vides de sens; mais qu'elles n'ont jamais compris que, de tous les fruits qui tombent de l'arbre de la croix, le plus savoureux, est encore le sacrifice de soi. Nous, du moins, nous voyons dans ces choses intimes d'une âme avec Jésus, les marques de la prédestination des saints.

Depuis la mi-novembre où elle s'était alitée, jusqu'au mois de juillet de l'année 1886, elle ne bougea pas de son appartement, même de son lit. Elle souffrait beaucoup, tous ses membres étaient enflés, elle ne pouvait remuer que bien difficilement; tous les deux jours on la portait pendant quelques instants sur un fauteuil, le temps de ranger un peu son lit et sa chambre. Les quelques intervalles de répit que la maladie voulait bien lui laisser, elle les passait à lire, à peindre, à tricoter pour ses pauvres. Elle continuait encore de s'inquiéter des œuvres de charité dont elle était chargée, se faisant mettre au courant des réunions des diverses congrégations, des délibérations prises, des améliorations projetées, des noms des nouvelles reçues, se faisant suppléer dans l'instruction religieuse qu'elle avait mission de donner aux enfants du peuple, et ouvrant toujours à tous sa bourse comme son cœur.

Au mois de juillet on alla à la Forestière. On pensait que le grand air redonnerait quelques forces à ce corps épuisé. Le voyage lui fut très pénible. On dut la coucher sur un matelas, la placer sur une planche mise en long dans un grand landau, et faire ainsi près de vingt-cinq kilomètres. On dut s'arrêter deux fois, car malgré les précautions prises, les heurts des roues de la voiture sur les pierres du chemin, la fatiguaient jusqu'à la faire presque s'évanouir.

Les trois mois passés à la Forestière n'eurent pas le résultat qu'on en avait attendu. Son mal empira, et les premiers jours de septembre furent si mauvais que ses parents pensèrent que l'heure du suprême sacrifice allait sonner. D'ailleurs, elle eut la douleur de perdre sa femme de chambre, dont elle appréciait les soins empressés, et qu'une fièvre typhoïde enleva en quelques jours. Son frère V..., lui-même, fut bientôt atteint du même mal, et pendant quelques heures se trouva entre la vie et la mort. Ces chagrins du cœur, ces préoccupations de tous les instants n'étaient point faits pour alléger son mal.

Une seule chose la consolait, c'était de pouvoir, de sa chambre, entendre la messe, et d'être là tout près du Saint Sacrement que Monseigneur le cardinal Caverot, avec une touchante délicatesse, avait permis qu'on conservât dans la petite chapelle domestique.

« Que Jésus est bon, écrivait-elle à son directeur, de vouloir résider près de moi, je voudrais bien faire plus souvent auprès de Lui l'heure sainte, mais comme ses disciples, au jardin des Olives, je m'endors quelquefois, au lieu de veiller et de prier avec le divin Maître. »

Cependant on put rentrer à Lyon avant les grands froids de l'hiver. Jésus devait lui ménager une de ces douceurs goûtées des cœurs purs, et qui font qu'au milieu des souffrances et des douleurs de cette vie, on entend dans son âme une voix secrète qui vous dit : « Je suis content de toi, tu es sur la croix, mais je te bénis, prends courage ». Le saint jour de Noël, elle put entendre la sainte messe de minuit dans sa chambre. Le cardinal Caverot avait bien voulu accorder pour « sa chère malade » cette insigne faveur.

Sitôt qu'elle eut connaissance de la permission toute gracieuse de Son Eminence le Cardinal, elle disposa tout pour recevoir le plus dignement possible son divin Hôte. Elle venait de racheter de Monsieur Servonnet les objets du culte de l'asile Sainte-Agnès, de la rue Charlet. Ce sont eux qui ont servi, et c'est l'ornement peint par ses mains que le prêtre a revêtu. Avec les accents d'une touchante reconnaissance, elle en a parlé souvent dans ses lettres de cette messe de Minuit. Oui, c'était la première visite de l'Enfant Jésus à sa servante. Il lui apportait ses bénédictions, ses grâces. Il lui disait que bientôt, à pareille heure, en ce beau jour de sa naissance parmi les hommes, Il reviendrait, mais cette fois pour l'emmener avec Lui chanter au ciel le *Gloria* des Anges.

Huit jours après, l'année 1887 devait s'ouvrir, et égrener ses mois, sans apporter dans son état aucune amélioration, aucun soulagement. Sa seule consolation était de recevoir deux fois par semaine la sainte Communion en Viatique, avec une piété, une candeur, qui n'était point de la terre! C'est dans cette nourriture céleste qu'elle puisait sa force de résignation! Elle continuait, entre temps, à lire quelques livres d'histoire, des vies de saints, ou quelques ouvrages de pure distraction; se raidissait contre le mal pour que son pinceau ne lui tombât pas des mains et qu'elle pût mener à bonne fin les œuvres dout il a été fait mention plus haut. Mais son plus grand souci, sa plus grande occupation fut toujours le soin des pauvres. Elle trouvait encore le moyen de connaître les besoins divers de ces membres délaissés de Jésus, et prenait soin de leur faire porter ou une aumône, ou des soulagements corporels; accompagnant presque toujours ses dons d'une lettre, où elle savait si bien parler ce langage qui ramène à Dieu, et verse un baume sur les douleurs.

Elle avait une manière originale et toute chrétienne de justifier ses quêtes pour les pauvres. « Nos spéculations, mande-t-elle à une de ses amies, sont honnêtes. Nous demandons aux autres leur argent, mais

Dieu, notre banquier, leur rendra le cent pour un. On pourra nous refuser, ajoutait-elle avec une petite pointe d'ironie charmante, car elle ne blessait personne; cependant, les placements sont si difficiles actuellement, et celui-là est si sûr. »

D'ailleurs, quand elle fait l'aumône, quand elle donne, elle ne voit que Dieu, et elle ne se rebute jamais si la reconnaissance n'accompagne pas toujours le bienfait. Et je trouve dans un de ces cahiers cette page, où elle révèle la ligne de conduite qu'elle veut suivre, quand Dieu lui donnera occasion de faire la charité. On y verra unie à une grande abnégation, une connaissance profonde du cœur humain, si égoïste, même quand il se donne.

« Que petit est le nombre des hommes assez délicats pour entreprendre le rôle de protecteurs. Agir sans froisser les susceptibilités, la délicatesse de celui que l'on protège; se souvenir du service rendu, seulement pour bénir Dieu de s'être servi de vous pour le bien ; n'avoir aucune prétention usuraire sur l'âme, les sentiments, les opinions, en un mot l'indépendance morale de la personne protégée; permettre à la reconnaissance de se produire sans lui imposer une forme déterminée, qui, étant du goût du protecteur, pourrait être en opposition avec les inclinations du protégé; rendre la protection acceptable sans abaisser l'âme de ceux que je protège, en exigeant de ladres complaisances, et sans vicier une âme en lui rendant la reconnaissance impossible, et en développant le hideux sentiment de l'ingratitude; telle sera toujours ma ligne de conduite. »

« Je n'ai pas à me souvenir de ce que je donne, c'est à ceux qui reçoivent de se rappeler qu'ils ont reçu.

« Le souvenir de la reconnaissance, qu'il est doux et beau! Je ne le laisserai pas mourir en moi! J'ai tant reçu! Et toujours si délicatement! On m'a prêché par l'exemple, et je pèche encore! Je ne le ferai plus, et ne sollicite aucun autre remercîment, qu'un sourire du divin Maître, dont je veux pouvoir consoler le cœur déchiré par les ingrats. »

Je ne crois pas qu'on puisse mieux dire, ni mieux faire.

Elle trouvait encore le moyen de confectionner pour les ventes, appelées à soutenir les œuvres, de ravissants costumes d'enfants, avec un goût et une grâce qu'on retrouve rarement.

D'ailleurs, elle avait dans ses amies des auxiliaires dévouées de sa charité. Combien de fois je l'ai entendue bénir la main délicate de Mademoiselle de R... dont le cœur savait toujours si à propos deviner quand la bourse des pauvres était à sec ; et elle y versait alors de généreuses oboles. C'est bien de Mademoiselle de R... que l'on peut dire que la main gauche ignorait toujours ce que donnait la droite. Elle peut se rendre ce témoignage que souvent, dans ces dernières années, elle a été, pour sa chère malade, l'occasion de ces joies profondes et intimes du cœur. Grâce encore à la prévoyance de cette délicate personne, la mère a vu, réchauffant les membres de son petit-fils, ou parant sa grâce enfantine, ces mêmes objets, qu'elle avait certainement surpris entre les doigts débiles de sa fille.

C'est vers cette époque que Mademoiselle Berne se lia d'une amitié, bien chrétienne et bien profonde, avec une jeune fille de condition modeste, Mademoiselle Marie C... Cette jeune personne appartenait à des parents chrétiens, près desquels le bon Dieu n'avait mis ni la fortune, ni le bonheur, tel du moins que l'entend ce monde jouisseur.

Le père gagne modestement la vie de sa famille. Ils étaient là cinq qui vivaient bien unis. Le grand-père, la mère, le père, et deux jeunes filles, dont l'une avait, dès l'âge de six ans, contracté une coxalgie qui, à la longue, avait formé une plaie douloureuse à la hanche. Elle marchait péniblement avec une béquille, et souvent était obligée de rester étendue, ne pouvant presque faire aucun mouvement. Elle est morte maintenant, quelques mois après son amie Mademoiselle Berne. Chose bien touchante, elle venait d'achever une couronne qu'elle destinait à orner la tombe de celle qu'elle avait aimée. Sa dernière volonté, ses désirs ont été réalisés ; et cette couronne, toute tressée de perles qui s'enroulent sur des branches d'épines, vrai symbole des longues souffrances de leurs deux vies, qui leur ont valu la couronne du ciel, est maintenant dans ce petit cimetière de Lieudieu, où dort, en attendant l'heure du grand réveil, le corps de celle dont nous essayons de rappeler la vie.

Mademoiselle Berne, avons-nous dit, apprit indirectement que, dans cette famille, il y avait des souffrances à soulager, une famille chrétienne à affectionner, à aider suivant ses faibles moyens. Elle se mit à l'œuvre aussitôt avec ce dévouement qui ne calcule pas, cette tendresse si ingénieuse à trouver ces mille petites attentions, qui soulagent parce qu'elles viennent du cœur. Elle écrit souvent à sa bonne petite amie, comme elle l'appelle; l'encourage à souffrir pour le bon Dieu, lui crie : « Espérance »; partage souvent avec elle les douceurs que sa mère lui prodigue, lui parle comme j'ai rarement vu parler les personnes de la classe aisée à la classe des pauvres! Entre elle et son amie, il n'y a point de différence. Car pour cette âme amie de Jésus, la différence sociale n'existe pas; elle le dit souvent dans ses lettres : « Nous sommes tous frères, rachetés au sang du même Jésus ». Oui, c'est l'égoïsme humain qui établit entre les hommes des différences, c'est la charité chrétienne qui forme la noble égalité entre les enfants de Dieu. Je voudrais pouvoir citer ici toutes ces lettres débordantes du véritable amour du prochain. Nous les avons toutes lues, et nous y avons trouvé trois choses précieuses : une noblesse toujours digne, une charité pleine d'abandon et qui engendre la confiance, une humilité profonde. Ces lettres seront-elles publiées un jour ? Elles deviendraient un vrai trésor pour ceux qui voudraient apprendre à faire la charité ; et cet art est plus difficile qu'on ne pense.

Un jour elle envoie à sa petite malade une partie de son déjeuner, et lui écrit : « Chère enfant, voulez-vous me faire un vrai plaisir ? Alors acceptez la moitié de mon déjeuner, croyez que ce que j'envoie, c'est avec mon cœur que je l'offre ; et si Jésus venait près de mon lit, je lui dirais comme à vous : Voulez-vous partager ?

« Vous me renverrez le contenant par Jeanne, je ferai ainsi connaissance de votre sœurette. Elle n'aura qu'à dire qu'elle doit me remettre quelque chose de la part de sa sœur Marie. On la fera entrer. Priez pour moi, et comptez sur mon dévoûment affectueux. »

Un autre jour, elle remercie son amie d'une lettre pleine d'encouragements qu'elle avait reçue : « Merci de votre affection et de votre lettre si bonne, si encourageante. Oui, il faut s'abandonner à la Sainte Providence. Pourquoi se laisser emporter par ses craintes, ses répugnances ? Jésus, qui nous veut toutes deux crucifiées, sait bien ce qu'il y a de meilleur à donner à ses enfants. Je m'abandonne à lui pleinement, et attends tout de sa miséricordieuse tendresse. Vous ne me dites rien de vos souffrances, pourquoi ? Je voudrais tant les connaître pour chercher à en adoucir quelques-unes. Je vous en prie, ne me privez pas de *la joie* de vous *en faire*. »

Une autre fois elle termine sa lettre par ces paroles touchantes : « Ces jours de neige vous ont, sans doute, fait plus souffrir, pauvre enfant. Ah ! si je pouvais, à l'exemple de sainte Elisabeth, mettre ma main sur votre côté et vous guérir. Pourquoi ne suis-je pas aussi sainte pour mériter de telles grâces ? Priez, chère enfant, pour celle qui vous est toute dévouée. »

Un autre jour, elle lui offre, pour les dimanches, la voiture de ses parents, afin qu'avec sa mère elle puisse aller entendre la sainte messe ; une autre fois c'est un fauteuil, afin que la malade repose mieux sa jambe souffrante ; c'est encore une image de la sainte Face avec sa petite lampe, afin que leurs deux cœurs prient ensemble quelquefois près de Jésus agonisant. Et tout cela est dit, toutes ces offres sont présentées avec un cœur, une affection et en même temps une simplicité qui captivent les âmes plus que l'or, que la richesse peut répandre. Elle savait que Mademoiselle Marie C... brûlait du désir d'aller à Lourdes, pour demander à la Vierge Immaculée, sinon une guérison, du moins le courage. Elle lui écrivit à cette occasion le petit billet suivant : « J'ai eu connaisssance de votre désir d'aller à Lourdes. Cette confiance dans notre bonne Mère, notre Patronne à toutes deux, chère enfant, me touche, et je suis trop heureuse de pouvoir vous envoyer un peu d'argent pour le voyage. Je regrette de ne pouvoir faire plus. Les bons anges s'arrangeront pour vous procurer une compagne de route. Vous prierez beaucoup pour votre guérison, qui comblerait de joie vos bons parents. Et si la bonne Vierge ne veut pas se laisser toucher cette fois, nous ne murmurerons pas, mais nous conserverons toujours l'espérance et l'amour à Marie Immaculée, n'est-ce pas, chère enfant ? Entendez-vous avec vos parents, et faites tout selon leurs désirs. Croyez à mon dévouement. »

Lourdes! Elle avait toujours nourri au fond de son cœur l'espérance d'y retourner! Marie devait lui ménager cette suprême consolation avant de la rappeler près d'elle, au ciel! L'on était arrivé au mois d'août 1887, son état de santé était loin de s'être amélioré; au contraire, elle paraissait plus souffrante, plus abattue; et un voyage aussi loin devait sembler impossible, dangereux même. Mais que ne peut pas la foi chrétienne, cette foi dont il est dit qu'elle transporte les montagnes! On parlait beaucoup du pèlerinage national; et c'est alors qu'elle fit part à sa mère de son projet. Elle voulait, disait-elle, aller demander à Marie trois choses : la guérison de son père, qui n'avait pu se relever de cet état d'abattement profond dans lequel il se trouvait depuis bientôt deux ans; le mariage de son frère E. avec la compagne qu'elle avait rêvée pour lui; et pour elle une bonne mort. Sa mère consulta son cœur; elle ne pouvait accompager sa fille, et son affection de mère ne pouvait se décider à une séparation que les circonstances rendaient plus douloureuse que jamais. Mais sa foi de chrétienne parla plus haut encore que son affection de mère; et après avoir prié Jésus au Saint-Sacrement de l'autel, après avoir invoqué Marie, elle dit à sa fille : « Tu partiras, c'est Marie qui t'inspire cette bonne pensée! Je te mets sous sa protection, Elle me remplacera avantageusement auprès de toi. »

En effet, le 16 août, à dix heures du soir, Mademoiselle Berne, après avoir embrassé ses parents qui pleuraient, partait pour Lourdes, accompagnée de son frère E., de Monsieur l'abbé S..., et de sa femme de chambre, Maria. Quel voyage que celui-là! Quelles préoccupations durant ce long trajet de plus de sept cents kilomètres! Dieu nous accorderait-il la grâce d'arriver jusqu'à sa Mère? Ou faudrait-il nous arrêter en route? Peut-être même, ô pensée lugubre! serions-nous obligés de rentrer à Lyon, en priant pour une morte! Dieu accorda à sa malade la grâce demandée; et malgré des fatigues très grandes, nous arrivions à Lourdes le lendemain soir, à six heures. Madame P... et son fils Monsieur Aimé P..., inscrit au nombre des brancardiers de Lourdes, étaient partis par le même train, afin d'être chacun à leur poste pour le pèlerinage national. Ils se mirent gracieusement à notre disposition, et Madame P..., fut assez heureuse pour nous trouver dans ce petit chalet, attenant à l'hôtel de la Grotte, des chambres assez confortables. C'est là que la malade passa ses six mois de séjour à Lourdes.

Le surlendemain de notre arrivée, débarquaient les quinze cents infirmes du pèlerinage national. Ce furent six jours heureux pour notre malade.

Elle put, grâce à son énergique volonté, se faire voiturer à la grotte, et se faire porter dans les piscines miraculeuses. Jours rendus heureux par la prière, quels doux souvenirs ils ont laissés dans notre âme! Nous descendions, son frère E., elle et moi près des piscines. Elle entendait la sainte messe, puis nous venions prier ensemble à la grotte, et, après une heure passée devant la Vierge Immaculée, nous allions quelques instants le long de la promenade du Gave, qui nous apportait le murmure agréable de ses eaux. Là nous causions avec abandon des absents, de Lyon, de la Vierge, des pèlerins, des Carmélites dont le couvent se dressait en face de nous, de l'autre côté du torrent. Puis, nous remontions vers midi, pour redescendre à trois heures; et le soir, nous la conduisions encore en voiture à ces processions si émouvantes, et que je n'ai vues qu'à Lourdes.

C'est encore pendant notre séjour à Lourdes qu'elle eut le bonheur de voir prier. près d'elle et pour elle, celle qu'elle venait demander à Marie pour sœur, et que Dieu avait conduite là comme par hasard. La famille C... était en effet à Cauterets, elle descendit à Lourdes pour se mêler au pèlerinage, et apprit bientôt que Mademoiselle Berne se trouvait parmi les malades. Madame C... et Mademoiselle D., sa fille, vinrent faire une visite à la malade de Lyon. Dieu semblait ainsi promettre, pour un avenir prochain, la réalisation d'un vœu qui était cher au cœur de la sœur, car il était l'espérance du bonheur pour son frère E.

Cependant, nous fûmes bientôt, trop tôt hélas, contraints, son frère E. et moi de la quitter. Son frère était appelé à faire son service militaire d'un mois, comme officier de réserve. Je ne pouvais, de mon côté, rester plus longtemps à Lourdes. Mais une chose nous consola tous deux, c'est que nous laissions notre chère malade aux soins, bien plus délicats que les nôtres et remplis d'une plus douce sollicitude, de son frère V., venu de Lyon tout exprès. Près d'elle il devait rester jusqu'au milieu de janvier 1888, et la ramener avec son père pour le mariage si désiré de son frère E., avec Mademoiselle D. C... Après notre départ, elle ne sortit plus qu'une fois, le 25 décembre, mais aida de son mieux son frère dans les différentes bonnes œuvres qu'il eut vite organisées là-bas, comme il avait su le faire à Lyon, et le fait encore avec un dévoûment qui ne calcule pas. Elle se mit avec ardeur aux travaux à l'aiguille et au crochet; écrivit à ses amies qu'une jeune fille de Lourdes, dont elle avait fait la connaissance, avait besoin de gagner, qu'elle savait faire de petites robes pour enfants, des capulets, des tricots, en un mot tous ces chiffons gracieux que les mères aiment à acheter pour leurs petits chérubins. Elle expédia des échantillons et les commandes arrivèrent.

Cette jeune fille, disait-elle, s'appelait *Stanie ;* et beaucoup de personnes, qui ont envoyé leur aumône à la jeune ouvrière de Lourdes, ne savent peut-être pas encore que *Stanie* est le diminutif de Stéphanie, ce nom que Mademoiselle Berne a reçu au baptême. Ses parents eux-mêmes ne le surent qu'à Lyon, quand, questionnée sur sa protégée, il lui fallut révéler son stratagème. Elle a, du moins, par son travail et en restant cachée, augmenté le pécule de ses pauvres.

Cependant Marie lui ménagea, presque coup sur coup, deux joies bien profondes. Ses prières étaient exaucées ! Son père, vers le milieu de septembre, se rétablit complètement et presque subitement. Cette mélancolie, qu'il traînait après lui depuis deux ans, comme on traîne son ombre, disparut en un jour.

La seconde grâce qu'elle obtint, celle pour laquelle elle avait affronté les fatigues de son long voyage de Lyon à Lourdes, fut le mariage de son frère. Au mois de décembre, Mademoiselle Delphine Cottin accordait, avec sa main, son amour virginal de jeune fille à Monsieur Étienne Berne.

A cette occasion, elle écrit dans ses cahiers intimes ces lignes qui disent toute la joie dont son cœur déborde. « Elle s'est donnée! Mon Dieu, merci, oh! merci. Mais je ne me reconnais plus! Serais-je moins forte dans la joie que dans la douleur! Delphine fait notre bonheur, et je pleure. »

Le 25 décembre, elle voulut se faire porter à l'église des Clarisses, pour entendre la messe de minuit et communier. C'était la dernière messe à laquelle il lui était donné d'assister ici-bas! Il y a un an, elle était à Lyon; Jésus venait s'immoler sur l'autel dressé dans sa chambre; cette année elle était à Lourdes, et le 25 décembre 1888, elle sera au ciel, près de l'agneau de Dieu, avec les vierges ses sœurs! Nous ne pouvons nous empêcher de voir dans ces rapprochements les desseins de Dieu, et les adorer en silence! Voici en quels termes elle parle de cette messe du 25 :

« A onze heures et demie, ma femme de chambre, Maria, toujours dévouée, me porte, pendant trois étages, jusqu'à la petite voiture de l'hôtel. Bien arrangée, Victor me pousse jusqu'aux Clarisses. Me voilà dans une petite pièce pour me confesser. Le Père arrive et expédie vite l'affaire. J'entre à la chapelle, je dérange tout le monde et je m'installe près de la table de communion. La messe commence aussitôt.... Oui, j'ai pu entendre la Sainte messe à minuit! O mon Jésus, merci! Merci! Quelle joie, quelle paix est dans mon âme! J'ai Jésus consolateur! »

Au mois de janvier 1888, son père vint la chercher; elle rentra à Lyon bien fatiguée de ce pénible voyage, mais les transports de joie de la mère, qui revoyait sa fille, adoucirent ses souffrances corporelles. Il y avait si longtemps qu'elles ne s'étaient point embrassées! Il y avait si longtemps que leurs regards ne s'étaient point croisés! Il y avait si longtemps que leurs voix ne s'étaient point mêlées! Quels doux instants elles passèrent ensemble! On arriva à Lyon à minuit; mais l'on dormit bien peu, la mère ne pouvait en croire ses yeux! Oui, c'était sa fille que la Vierge lui rendait! Hélas, elle n'était pas guérie! Mais, du moins, on pouvait espérer que Marie accorderait à la mère cette dernière grâce! Espérance du cœur, pourquoi faut-il que vous ayez été déçue!

Le 8 février eut lieu le mariage de son frère. Ce fut une de ses dernières joies. A cette date bénie, elle écrit ces lignes pleines de simplicité, de candeur, d'affection pour son frère et sa sœur, et d'amour pour Dieu.

« Pourquoi regretter de ne pas assister au mariage de mon frère! Ne puis-je pas prier pour lui, et mon sacrifice ne comptera-t-il pas pour son bonheur, plus que ma présence à l'église. Je bénis Dieu d'être en demeure d'offrir quelques privations pour me reconnaître de toutes ses miséricordes. J'ai tant reçu ! Aller à Saint-François en petite voiture, je le pourrais, puisque je suis venue ainsi de la gare dans ma chambre. Mais souffrir pour satisfaire ma curiosité, un plaisir, non, ce n'est pas digne d'une épouse du crucifié. Souffrir pour accomplir un devoir, oh ! oui, alors, Dieu m'en donnerait la force. Je resterai donc et prierai. »

« De tout cœur, Seigneur, je vous offre ce sacrifice immense de rester seule privée d'assister à la bénédiction du mariage de mon frère ! Comptez ce lourd sacrifice pour leur bonheur à tous deux, je vous en prie ! Bénissez Etienne et Delphine à leur entrée dans la vie, je m'offre et m'immole pour deux. »

« Merci de me donner une sœur si parfaite, trop parfaite pour moi, il me semble que je la ternirais rien qu'en l'approchant. Que rien chez moi n'arrive à l'étonner, à la scandaliser ! Plutôt mourir ! »

Au retour du voyage des deux mariés dans le Midi, en Italie et à Rome, elle transcrit encore dans ces quelques mots les pressentiments qui agitent son âme. « Le nid de la famille résonne de chants joyeux, c'est le retour des jeunes mariés ! C'est le 1er mai qu'a lieu cette réunion de famille ! Toute gloire à notre Mère du ciel ! qu'elle est bonne de nous avoir ainsi comblés. Ah! l'an passé, père ne croyait pas à ce bonheur, j'y croyais seule ! Delphine a rapporté l'espérance et la paix ! Et maintenant Dieu se laissera toucher et me rappellera à Lui, quand les fêtes du retour seront passées, de manière à ne pas attrister. Puis, lorsque Delphine sera condamnée au repos de l'espérance, je m'envolerai et la joie renaîtra au baptême du premier petit-fils. » Ses désirs devaient se réaliser, et quatre mois avant le baptême de ce petit-fils, son âme avait pris son vol vers le ciel !

Vers la fin de ce même mois de mai, elle eut la consolation de recevoir la bénédiction de Monseigneur Mermillod. De passage à Lyon, le charitable évêque, avec l'amabilité qui le distingue, avait daigné se déranger et apporter à la malade une de ces paroles qui sortent si naturellement de son cœur aimant d'évêque, et font tant de bien aux âmes qui souffrent. Cette visite d'un évêque à une pauvre malade la toucha vivement! « Il faut, disait-elle, toute la bonté de Monseigneur Mermillod pour s'être dérangé pour moi, je n'en valais réellement pas la peine! Je lui en suis vivement reconnaissante, il m'a fait du bien au cœur ! Merci, mon Dieu, de cette faveur ! »

Sur ces entrefaites, son frère V. s'était remis à s'occuper sérieusement d'un orphelinat de petits garçons à Cluny, œuvre qu'il avait commencée avant son séjour à Lourdes. Elle résolut de venir en aide à son frère. Elle voulait, le jour de sa fête, le 21 juillet, pouvoir lui remettre une petite somme pour ses orphelins. Un *velum* qu'elle avait brodé à Lyon et à Lourdes fut, par ses soins, mis en loterie. Elle n'épargna ni son temps ni sa peine. Elle écrivit de nombreuses lettres. Elle indiquait le but de sa loterie; le billet n'était que de cinquante centimes, le prix ne devait effaroucher personne, et, à peu de frais, on participait à une bonne œuvre.

Voici comme dans ses cahiers intimes, elle annonce son projet. Avec quelle piété, quel amour des pauvres, quel suave abandon en la Providence, ces lignes le diront mieux que nous ne saurions le faire.

« *Loterie. — Un velum mis en loterie au profit d'un orphelinat de petits garçons à Cluny.*

« Bénissez mon entreprise, elle est pour Vous, mon Dieu! Réussirai-je! Oh! que je le voudrais! Pouvoir faire quelque chose pour Jésus! Répandez votre bénédiction multiplicatrice sur mes billets mendiants. Bénissez tous ceux qui me viendront en aide, soit par leur zèle, soit par leur bourse, pour faire connaître et prospérer votre œuvre de Cluny. C'est sous votre protection que je mets cette loterie, Cœur adorable de Jésus. »

La première série est ainsi consacrée au Cœur de Jésus ; la seconde, à saint Joseph, Père des pauvres ; la troisième, à la Vierge Immaculée ; la quatrième, aux Saints-Anges, consolateurs de Jésus au jardin des Olives. Une œuvre aussi chrétiennement commencée devait réussir. Aussi le résultat dépassa ses espérances. Elle dut augmenter beaucoup le nombre des billets, retarder de mois en mois le tirage de sa petite loterie. Dieu cependant ne lui permit pas de cueillir tous les fruits de sa charité. Il vint la chercher avant qu'elle eût achevé de récolter l'argent de tous les billets. C'est après sa mort seulement qu'on procéda au tirage, et le *velum*, par une faveur toute céleste, resta entre les mains de son père. L'un de ses numéros fut le billet gagnant.

La joie de faire ainsi du bien aux pauvres sembla lui rendre un regain de vie; et dès les premiers jours du mois d'août, il fut décidé qu'on affronterait les fatigues du chemin de fer, et qu'on l'emmènerait à Evian respirer le grand air du lac. Cette pensée de revoir les rives verdoyantes du Léman, de retrouver là-bas d'anciens souvenirs, lui fit supporter assez bien le voyage, mieux même qu'on n'avait osé l'espérer. Et le long de la route, un peu de gaîté vint parfois encadrer son visage amaigri. Tout alla à peu près dans les premiers jours. Le 15, jour de sa fête, elle avait rêvé de se faire porter à la petite chapelle qui faisait face à sa chambre. Dieu lui demanda encore le sacrifice de cette joie toute chrétienne. Dès le 10, elle se sentit plus fatiguée. Les jours suivants furent mauvais, et il ne fallut plus songer à la descendre. Elle s'occupait cependant encore un peu à quelques petits travaux manuels, essayait de lire, mais sa faiblesse augmentait, et ses heures de distraction devenaient de plus en plus rares.

Elle eut, du moins, la consolation de rencontrer à Evian Madame L... et ses deux jeunes filles, Mesdemoiselles J. et L., au cœur et à la bourse desquelles elle ne s'était jamais adressée en vain pour ses œuvres. Elles vinrent la distraire souvent avec une touchante amabilité. Aussi cette amitié, déjà ancienne, ne fit que grandir dans le cœur à cœur de ces visites affectueuses; et aujourd'hui encore, des couronnes toujours fraîches, déposées sur la tombe de l'amie défunte, redisent toute la fidélité de cette amitié d'autrefois.

C'est à l'une de ces jeunes filles, Mademoiselle L., qu'elle écrit d'Evian cette lettre qu'on ne dirait point tracée par une main qui va se refroidir bientôt, tant elle renferme d'humour, d'à-propos, de cœur toujours. Mademoiselle L., avait gentîment brodé une lettre sur ces mots bien connus : « Tout passe, tout casse, tout lasse ». Elle revenait d'auprès de Monseigneur Mermillod, auquel elle avait parlé de sa malade de Lyon, et elle se plaignait que dans ce monde tout passe, tout lasse, tout casse. Voici la réponse de Mademoiselle Berne.

« Chère Mademoiselle, je ne sais comment vous remercier d'avoir porté mon souvenir auprès de votre cher évêque de Lausanne, comme vous l'appelez. Ces pieux et chers objets sont venus jeter comme un rayon d'espérance dans mon cœur souffrant ». (Monseigneur Mermillod avait, en effet, donné pour Mademoiselle Berne un petit souvenir) « Oui, tout passe, excepté la reconnaissance et l'affection que j'aurai pour vous et votre bonne famille, qui voulez bien penser encore à une pauvre recluse. Oui, tout casse, excepté ces liens d'amitié formés à Evian avec vous et votre charmante sœur. Oui, tout lasse, excepté la voix d'une amie, qui entrant dans ma chambre rompt le monotone silence de la nuit qui m'enveloppe. Tout lasse, excepté l'affection sincère qu'on vous porte, et la charité chrétienne qui sanctifie les âmes. »

« Tout passe, excepté le souvenir, immortel comme notre âme. Tout casse, excepté la force qui s'appuie sur Dieu. Tout lasse, excepté le désir qu'on a de faire du bien à ceux qu'on aime. »

« Mais, chère Mademoiselle, il me semble que je suis bien près d'entamer un sermon en trois points, et vous auriez peine à m'entendre plus longtemps. Un sermon n'est pas toujours agréable, et encore moins le sermon d'une malade qui n'a pas deux idées à mettre à la suite. Vous excuserez donc ce petit bavardage, et vous ne voudrez voir dans ces lignes que deux choses : Mon affection pour vous, et ma reconnaissance pour votre délicate attention.

« Adieu, chère Mademoiselle, croyez à toute l'affection de votre vieille amie. »

Cette lettre est datée du 29 août. L'on touchait à la fin du séjour d'Evian. D'ailleurs le temps devenait mauvais, et l'on avait hâte de rentrer, car l'état de la malade était plutôt pire qu'à l'arrivée. L'on partit le 8 septembre. Le voyage fut très pénible,et plusieurs fois,sa mère se demanda si l'on ne serait pas obligé de s'arrêter. Grâce à Dieu, cependant, qui soutint son énergie, l'on arriva le soir à Lyon. De la gare, on la conduisit, couchée dans un landau, vers les quais de la Saône. Là, elle reçut la bénédiction donnée à la ville par Monseigneur l'archevêque. Puis elle rentra harassée, n'en pouvant plus ; elle venait de faire sa dernière sortie. La mort était proche.

CHAPITRE VII

SA MORT

Les mois de septembre et d'octobre furent mauvais. Des douleurs intolérables dans tous les nerfs, s'ajoutèrent à ses souffrances d'estomac. Moins que jamais, elle put garder le peu de nourriture qu'elle s'efforçait de prendre. Le lait lui-même, le seul aliment qui jusque là l'avait soutenue, dut être abandonné. Elle se contentait de quelques pastilles de chocolat, qu'elle laissait fondre dans sa bouche; encore n'en pouvait-elle supporter que très peu.

Ses forces l'abandonnaient insensiblement. Ses mains se mirent à trembler et elle n'eut plus la seule consolation, qui lui était restée jusqu'à ce jour, le pouvoir d'écrire quelques lettres à ses amies.

Je me rappelle qu'un soir, vers la fin du mois d'octobre, j'entrai dans sa chambre, et la trouvai tout en pleurs. Comme je lui demandai la raison de sa douleur, elle leva sur moi ses yeux pleins de larmes; sa maigreur rendait son regard encore plus profond que d'ordinaire, et elle me dit ces simples mots : « Je sens bien que je m'en vais! Je tremble de faiblesse, je ne puis plus seulement écrire une lettre. » Puis elle me montra une ébauche de missive, où sa main débile n'avait pu tracer que des traits presque illisibles.

C'est alors qu'elle se fit acheter quelques pelotons de ces grosses laines qu'on tricote sur des aiguilles de bois plus grosses encore ; tant elle avait horreur du repos et de l'oisiveté. Ce sera là sa seule occupation du mois de novembre.

Elle n'oublie pourtant pas sa loterie, et prend soin de faire rentrer l'argent des billets. Lire quelques livres, elle ne le peut plus ; sa vue devient trop faible et la lecture lui cause des douleurs dans la tête. Même pour prendre connaissance des lettres qu'elle reçoit, elle se voit obligée de faire appel à la charité du prochain. Mais, bientôt, elle est contrainte de tout laisser ; son chapelet seul ne quittera plus ses doigts. Enfin, dès les premiers jours de décembre, comprenant que tout est fini ; sentant ses organes, les uns après les autres, lui refuser leur service ; voyant qu'elle n'a plus alors qu'à s'étendre sur sa croix pour le sacrifice suprême, elle fait ranger toutes ses affaires et se recueille, comme pour mieux se préparer à la mort.

Le 8, jour de l'Immaculée-Conception, elle n'a pas oublié de faire porter à sa petite malade, Marie C..., tout ce qu'il fallait pour honorer la Vierge Marie. Elle parle des illuminations, qu'elle aimait tant à contempler autrefois. Elle est heureuse d'apprendre que Lyon a maintenu prospères ses traditions d'amour à Marie.

Les jours suivants sont plus mauvais encore. Des maux de cœur fréquents, des étouflements, réitérés et prolongés, annoncent à tous que le terme fatal n'est pas loin.

Cependant, trois jours avant de mourir, elle a encore le courage de préparer toute une balle de provisions, qu'au nom de l'Enfant Jésus de la Crèche, elle envoie aux Orphelins de Cluny. Elle s'inquiète du cadeau à offrir à son frère E., pour le jour de sa fête, le 26 décembre. Elle veut aussi, qu'en reconnaissance des services rendus, sa femme de chambre ait un souvenir de Noël. Cependant, elle a l'intuition qu'elle ne pourra le donner le 25, et devance, de deux jours, l'offre de son petit cadeau.

Les heures passent; il n'y a plus d'illusions possibles ! Ce n'est plus qu'une question de temps. Le cœur seul de sa pauvre mère n'avait pas abandonné tout espoir. Oui, c'est le lot d'une mère d'espérer contre toute espérance.

Mais enfin, il faut céder à l'évidence ; ou plutôt, parlons le langage chrétien, il faut s'humilier devant Dieu, obéir à sa volonté, lui offrir un cœur résigné. L'on touche au 24 décembre, et l'on se demande si elle pourra passer la journée. Le prêtre est appelé dès le matin. Il reçoit sa dernière confession.

La journée touche à sa fin ; il est près de huit heures. Dans quelques heures les anges vont chanter leur joyeux « *Gloria in excelsis* ». C'est ce moment que l'on choisit pour lui apporter, avec l'Extrême-Onction, le Jésus-Eucharistie. On lui annonce la nouvelle ; elle se contente de répondre : « Je vais donc mourir ! que la volonté de Dieu soit faite. » Elle se prête, avec une docilité et une piété toute suave, aux différentes onctions que fait le prêtre sur ce corps, que la souffrance a déjà pourtant purifié de toute souillure. Elle présente d'elle-même ses mains tremblantes de faiblesse. Elle répond aux prières; et c'est avec un recueillement profond qu'elle reçoit ce Jésus, pour Lequel elle a souffert, en Qui elle a espéré.

Il doit, à cette heure solennelle, lui murmurer tout bas : « Ma fille, celui qui espère en Moi ne sera point confondu; celui qui mange Ma Chair et boit Mon Sang aura la vie éternelle; Je le ressusciterai au dernier jour. »

Cependant, l'on ateint le 25. C'était le dernier jour qu'elle devait passer ici-bas. Toute sa famille est réunie près de son lit. Son père, sa mère sont à son chevet, voulant dans un dernier embrassement recueillir, avec son dernier souffle, le dernier battement de son cœur. Elle a encore toute sa connaissance; parle difficilement, mais répond par signe aux diverses questions qu'on lui pose. On lui demande si elle est soumise à la volonté de Jésus; elle répond faiblement, mais distinctement: « Oh! oui ». Elle se tourne vers sa mère; l'appelle, à plusieurs reprises, « Maman, Maman, » voulant, pour ainsi dire, par ces mots affectueux, lui léguer tout ce qui reste d'amour au fond de son être.

Il est trois heures du soir; elle semble s'assoupir de plus en plus ; son souffle devient de moins en moins apparent. Alors, au milieu des larmes, l'on commence les prières de la recommandation de l'âme. On récite, à haute voix, cette prière de l'abbé Perreyve, qu'elle aimait tant, et que nous mettons à la fin de notre petit travail. Elle semble s'unir d'intention ; sa tête s'incline, comme pour dire « merci ».

Les prières sont finies ; un silence lugubre règne dans la chambre. Tout-à-coup, elle semble comme se réveiller, ouvre les yeux, promène son regard sur l'assistance, l'arrête avec amour sur sa mère ; elle reçoit une dernière absolution de la main du prêtre qui, fidèle à la promesse de La Louvesc, prie près d'elle ; retombe sur son oreiller, et meurt le sourire sur les lèvres. Il était un peu plus de cinq heures du soir.

Deux heures après, sa dépouille mortelle, revêtue de cette même robe bleue qu'elle portait à Lourdes, reposait sur son lit de parade. La couronne de sa première Communion est à ses pieds. Elle porte autour de la taille son cordon de Saint-François. Elle semble dormir, tant ses traits sont calmes ; et l'on ne peut, en la considérant et en priant près d'elle, ne point se rappeler cette parole consolante de Jésus : « Cette vierge n'est point morte, mais elle dort. » Oui, la mort a été moins cruelle pour elle que la souffrance durant sa vie ! On dirait que, pour elle, la mort a dépouillé ce qu'elle a de lugubre et de repoussant, et qu'elle veut laisser, dans un repos paisible et doux, ce corps de vierge.

De nombreuses personnes vinrent, près de sa couche funèbre, répandre et leurs larmes et leurs prières. Les unes pleuraient une amie, et ne se lassaient pas de voir, une dernière fois, celle qu'elles avaient aimée et appréciée ici-bas. Les autres, plus nombreuses peut-être, venaient baiser ces mains qui s'étaient ouvertes devant leur indigence. Chacun venait contempler ces lèvres, à jamais muettes, mais qui avaient laissé souvent dans les âmes une parole de consolation et d'encouragement.

L'*Echo de Fourvière*, dans son numéro du 29 décembre, voulut dire un mot de la défunte. Il offrit, en ces termes, ses condoléances à la famille éplorée.

« La fille de M. le docteur Berne s'est éteinte doucement le jour de Noël, à l'âge de 28 ans.

« Il y a trois ans que cette jeune fille avait été touchée par l'aile de la mort. Et depuis cette date, 10 novembre 1885, elle s'était alitée. Elle ne devait jamais plus se relever.

« Au mois d'août 1887, elle avait voulu aller à Lourdes, pour prier la Vierge Immaculée, non pas, disait-elle, afin de guérir, mais pour devenir plus pure et plus agréable à Marie, sa patronne.

« Les pauvres perdent en elle un cœur dans lequel on pouvait toujours venir puiser ; les Œuvres catholiques une zélatrice accomplie ; les humbles, les deshérités, les délaissés, leur plus fidèle amie. Elle aimait surtout les abandonnés, et l'on nous a rapporté d'elle ce mot touchant :

« Ce que je trouve de plus attachant
« dans la Passion du Sauveur, ce sont
« moins ses souffrances, son agonie, sa
« mort, que son isolement complet au Jar-
« din des Olives. »

« Sa mort, sanctifiée par une vie aussi chrétienne et aussi pure qu'a été la sienne, sa mort, préparée par une agonie de trois ans, a été agréable à Dieu, nous n'en doutons pas. Cette pensée doit alléger la douleur d'une mère, d'un père, et de deux frères qui l'aimaient tant. Nous leur offrons nos sympathies les plus vives. »

Les funérailles eurent lieu le 28 décembre, en l'église de Saint-François-de-Sales. Après la cérémonie, le corps fut dirigé sur Bonnevaux, pour être inhumé, suivant ses intentions, dans le modeste cimetière de la commune de Lieudieu. Elle avait voulu dormir son dernier sommeil près des pauvres, près de ces modestes paysans qui, avait-elle dit, lui apporteraient le tribut de leurs prières.

A son arrivée à Bonnevaux, le corps fut déposé dans cette chapelle domestique à peine achevée, et dont elle avait, de son vivant, demandé l'érection à son père. Aujourd'hui, elle est complètement terminée. Elle est entourée d'un massif de fleurs, que, suivant les désirs de la défunte, on désigne sous le nom de « Jardin de Marie ». Au milieu, a été planté ce lilas qu'on lui offrit un jour, et qu'elle appela : « Le lilas de ses quinze ans » Enfin, tout auprès, a été érigée, comme elle l'avait demandé encore, une statue de la Vierge de Lourdes.

Le lendemain 29, le prêtre, qui avait accompagné le cercueil, offrit, dans la petite chapelle, le Saint Sacrifice pour le repos de l'âme de celle qu'on pleurait. L'octave de Noël ne permit pas l'usage des ornements noirs. Simple coïncidence, dira-t-on ; oui, sans doute; mais la piété chrétienne a bien le droit de voir, à travers ce simple fait, comme un rayon de la sainte espérance qui illumine un coin du ciel.

A 10 heures, le curé de la paroisse, suivi d'un nombreux clergé, vint chercher le corps à Bonnevaux. La relation de la cérémonie des funérailles a été consignée dans un journal de Grenoble. On nous permettra de la transcrire ici, sans y rien ajouter, car elle fut l'expression vivante des sentiments de tous.

« Une cérémonie touchante, disait le *Vrai Dauphiné*, a eu lieu le 29 décembre dans la petite commune de Lieudieu, canton de Saint-Jean-de-Bournay.

« La veille, était arrivée de Lyon la dépouille mortelle d'une jeune personne appartenant à l'une des grandes et chrétiennes familles de cette ville.

« Mademoiselle Marie Berne, fille du docteur Berne, s'était endormie doucement dans la paix du Seigneur le 25 décembre, à l'âge de 28 ans, après trois ans de souffrances supportées avec cette résignation que peut seule donner la foi chrétienne.

« Elle avait exprimé le désir de reposer dans l'humble cimetière de Lieudieu, petite commune où sa famille occupe une situation importante ; où elle aimait, avec sa pieuse mère, à faire tant de bien, à visiter les pauvres et les malades. Rien ne lui était plus à cœur que d'apprendre aux enfants les premières vérités de la religion ; et jamais elle n'approcha de la misère et de la douleur sans laisser avec des secours matériels, une parole dictée par son cœur. Elle avait le culte de la vraie charité.

« La population tout entière a voulu rendre, suivant ses faibles moyens. un sympathique hommage à celle dont les dernières volontés étaient une marque d'affection pour le pays.

« Qui donc a osé dire que nos habitants des campagnes ont peu de cœur ? Que ces âmes habituées à contempler la grande nature étaient fermées aux sentiments délicats ? Certes, la commune de Lieudieu, hommes, femmes, enfants, sans distinction de partis, a prouvé que la générosité et la délicatesse du cœur ne sont pas l'apanage exclusif des favorisés de ce monde.

« Les membres du Conseil municipal ont voulu prouver à leur maire leur affection pour sa personne. Ils ont tenu à honneur de porter eux-mêmes jusqu'à l'église le cercueil de la défunte. Ils peuvent être assurés que le souvenir de sa fille défunte, et reposant parmi eux, sera un lien de plus qui l'attachera à cette population à laquelle il est déjà si dévoué.

« Les Enfants de Marie entouraient le cercueil de leur compagne. Tous ont fait cortège à celle qui n'était plus, et lui ont donné une place parmi leurs morts. Spectacle touchant ! lâ pensée de la mort planait au-dessus de tout le cortège, tout le monde pleurait, et cependant ces larmes n'avaient rien de la tristesse sans espoir qui est si lourde à porter. On regardait le ciel et l'on espérait !

« Cette journée de deuil a été sans doute pour la paroisse une source de bénédictions.

« Du haut du ciel, l'associée du Rosaire de la paroisse de Lieudieu priera pour tous ceux qu'elle a aimés, afin que tous, gardant au fond du cœur ces sentiments généreux qui font les grandes âmes, demeurent toujours de fermes chrétiens. »

Et, maintenant que notre travail est terminé, nous demandons à Dieu de bénir ces pages.

Puissent-elles ne pas avoir été trop indignes de celle qu'elles sont destinées à honorer!

Puissent-elles lui attirer des prières !

Puissent-elles porter au bien et faire aimer la vertu, comme elle l'aimait!

Puissent-elles répandre dans les âmes cet amour des pauvres, des faibles, des déshérités, qu'elle appelait ses frères.

Puissent-elles exciter les cœurs à la charité, à l'amour de Jésus et de sa croix.

Puissent-elles surtout, avec la grâce de Dieu, porter, au cœur d'un père, d'une mère, ces consolations que peut seule donner la Sainte Religion du Christ, vainqueur de la mort.

L. S.

PRIÈRE

DE M. L'ABBÉ H. PERREYVE

Vierge Sainte, au milieu de vos jours glorieux, n'oubliez pas les tristesses de la terre.

Jetez un regard de bonté sur ceux qui sont dans la souffrance, qui luttent contre les difficultés, et qui ne cessent de tremper leurs lèvres aux amertumes de cette vie.

Ayez pitié de ceux qui s'aimaient et qui ont été séparés.

Ayez pitié de l'isolement du cœur.

Ayez pitié de la faiblesse de notre foi.

Ayez pitié des objets de notre tendresse.

Ayez pitié de ceux qui pleurent, de ceux qui prient, de ceux qui tremblent..., donnez à tous l'espérance et la paix.

Ainsi soit-il.

VERS COMPOSÉS

A L'OCCASION DE LA MORT DE MADEMOISELLE MARIE BERNE

Elle n'est plus, son âme, au dernier rendez-vous,
Par son ange emportée, est allée avant nous!
Elle était jeune et pure!
L'amour qu'elle rêva, ce fut l'amour du ciel,
Jésus vint satisfaire, au Saint jour de Noël,
Son aimante nature!

26 décembre 1888.

---

21 JANVIER 1889

O contraste! c'était le jour de sa naissance,
Ce fut souvent la joie, et souvent l'espérance
D'un avenir meilleur!
Aujourd'hui, c'est le deuil pour un Père, une Mère,
Depuis que leur Enfant a quitté cette terre
Pour l'éternel bonheur.

Nous l'avons tous connue au printemps de sa vie,
Comme un oiseau de Dieu sa jeune âme ravie
Et chantait et priait!
Son cœur était alors une harpe vivante
Que faisait résonner l'haleine caressante
Du bonheur qui passait.

Qu'êtes-vous devenu rêve de son jeune âge?
Il s'envola trop tôt laissant sur son passage
La trace d'un beau jour!
Dieu, qui l'aimait, voulut lui façonner une âme
Grande et forte, chez qui put s'allumer la flamme
Du pur et saint Amour!

Elle entrevit la croix, voulut Jésus pour maître,
Et bénit la souffrance, envahissant son être
Pour ne la quitter plus!
Ses vœux étaient remplis, et son âme comblée,
Elle avait tant voulu suivre sa sainte aimée
Thérèse de Jésus.

A quinze ans, commença son long et dur martyre,
Beaucoup plus dur hélas! qu'on ne saurait le dire
Car ce fut son secret!
Plus long qu'il ne fallait pour trancher sur sa tige
Cette si frêle fleur! Mais c'est Dieu qui dirige
Tout en ordre parfait.

Malgré tout, elle allait, et simple et gracieuse,
Se trouvant dans son cœur toujours assez heureuse
D'aimer beaucoup les siens !
Cet amour, elle l'eut très profond ; mais craintive,
Elle cacha souvent dans son âme naïve
Son trésor et ses biens.

Le pauvre, elle l'aimait et l'appelait son frère,
Elle savait chercher le délaissé sur terre
Et lui tendre la main.
Ce fut sa passion ! celle de l'innocence
Qui sème pour le ciel une bonne semence,
En allant son chemin !

Mais un jour, nous étions presqu'à la mi-novembre
Elle entendit la Messe, et rentra dans sa chambre
Pour ne la plus quitter !
Ce fut alors pour tous un funeste présage,
Comme un roseau frappé par un grand vent d'orage
Il lui fallut plier.

Elle resta trois ans, seule avec sa pensée,
Le corps de plus en plus souffrant, l'âme brisée,
Mais travaillant encor !
Et laissant à sa sœur comme un gage fidèle,
De son amour, un livre enluminé par Elle,
Livre d'azur et d'or !

Hélas ! en cet état, que faut-il donc qu'on fonde
D'espoir ! Car vous étiez pour toujours morte au monde ;
Vous nous restiez pourtant :
Espérance du cœur, espérance trompeuse
Vous dites à sa Mère : « Un jour peut-être heureuse
Tu verras ton Enfant »

Mais non ; Elle approchait de son heure dernière,
L'âme en paix, murmurant au Ciel une prière,
A chacun son adieu !
Nous la vîmes bientôt, près de quitter la vie,
Promener son regard sur sa mère chérie,
Puis s'endormir en Dieu !

Le Saint Enfant Jésus pour nous venait de naître,
Dans sa crèche bien pauvre, il venait d'apparaître,
C'était jour de Noël !
Jour bien triste, et pourtant, consolante pensée,
Ne pleurons pas toujours son image effacée,
Car c'est une âme au Ciel.

L. S.

TABLE DES MATIÈRES

30.712 — Imp. A. Waltener et Cie, rue Belle-Cordière, 14, Lyon.

www.ingramcontent.com/pod-product-compliance
Ingram Content Group UK Ltd.
Pitfield, Milton Keynes, MK11 3LW, UK
UKHW021826190726
13853UKWH00003B/1213